JN084448

「知財担当者になったら読むべき本　第2版」

弁理士　大石　憲一

発明推進協会

まえがき

　弁理士という仕事柄、大手企業の知財担当者、中小企業の知財担当者、総務等と兼任で知財業務を担当されている方、さらには、社長ご自身が知財業務に当たられている方等々、いろいろな企業の知財担当者とお会いします。そこで、「知財業務の進め方がよく分からない」といった相談を受けることがよくあります。

　知財業務は知的財産を扱うという業務の性質上、秘密裏に、少人数で行われていることが多く、業務内容も専門的で特殊なため、どうしても閉鎖的になりがちです。特に最近はリストラ等の影響で、長年、知財業務を担当していた方が突如退職され、多岐にわたる業務内容の引き継ぎもままならず、後任者が何から手を付ければいいのか分からず、途方に暮れているというケースも多いようです。

　そこで、これから知財を担当される方や「知財担当者になったけど、分からないことだらけで困っている」「現在、行っている知財業務は正しいのか不安を抱えている」といった方々のために、「ひとまずこの本だけ読んでおけば何とかなる」というコンセプトの下、知財業務のノウハウ本として本書を書かせていただきました。

　もっとも、「知財業務をもっと深く知りたい」「各法制度について詳しく勉強したい」という方からみれば、本書の内容は物足りないかもしれません。より詳しく知財を学びたいという方は、適宜、専門書等で知識を補充してください。

　また、本書は、著者が考える「理想的な知財担当者像」をイメージしながら記載していますが、企業規模や業種、経営者の考え方などから、知財担当者の業務権限が制限されることもあるかと思います。そうした場合、本書の内容をご自身に与えられた権限の範囲内へと落とし込み、咀嚼して実践していただければ幸いです。

　なお、本書は、令和元年に意匠法が大改正され、建築物や画像にまで保護対象が広がったことなどに対応し、初版の内容を一部修正した「改訂版」になっています。この点、ご注意ください。

令和３年９月　大石　憲一

目　次

まえがき

Ⅰ　総論

Ⅱ　特許・実用新案

Ⅲ　意匠

Ⅰ 総論

1. 知財担当者の心構え

知財担当者

あなたは、この言葉に、どのようなイメージを持っていますか？

「開発者の下請けみたいに発明を特許事務所にお願いして事務手続きをする人でしょ？」とか、「開発者の発明をお役所みたいに上から目線で特許になるか否かを判断する人でしょ？」とか、もっと辛辣な人になると、「元・開発者で、左遷させられた人でしょ？」などと、良いイメージを持っている人は、あまりいないのではないでしょうか。

しかし、知財業界に20年以上いる私は断言できます。

「知財担当者」の仕事は、ダイナミックでやりがいのある楽しい仕事であると。

知財担当者の仕事は、自社の事業を左右することがあります。また、知財担当者の力によって競業企業を牽制することもできます。さらに、自社の事業や技術の方向性も知ることができます。加えて、自社の社長や重役等の重要なポストの方、さらには、自社のキーマンと呼ばれる方とも話すことができます。

私は、マツダ勤務時代に、ある車種の開発主査や、ある技術開発の責任者と、入社2・3年目の新人では到底話すことができないような社内の有名人とも話すことができました。今でもこのことは、知財担当者でなければできなかっただろうなと思っています。

もっとも、私が、知財担当者の仕事をダイナミックでやりがいのある楽しい仕事と断言できるのは、当時から、知財担当者としての心構えをしっかりと持っていたからだとも思います。

　では、この知財担当者としての心構えとは何でしょうか？

　私は、**企業経営者の視点で知財業務を行うこと**だと思っています。少し大げさに聞こえるかもしれませんが、「知財担当者は、企業経営者と同様に自社の『事業』にとって、目の前の選択が正しいのか否かを常に考えて業務を行うべきだ」と考えています。

　具体的な例を挙げると、あなたが、ある車載カメラの発明について発明者（技術開発者）から相談を受けたとします。

　発明者は、あなたに対して、カメラの技術内容について一生懸命に話をします。「この車載カメラの技術によって、暗闇での視認性が上がって自動車事故の件数が飛躍的に減少するんだ！」と熱く語ってきます。

　当然あなたは、発明の技術内容について聞きますが、その前にまず、知財担当者であるあなたがすべきことは、冷静に企業経営者の視点で、その技術の「実現性と汎用性」を発明者に聞くことなのです。また、すぐに実現できないとすれば、そのネックが何なのか、コストなのか？　技術的課題があるのか？　などについて聞いた上で、その発明の将来の事業性を判断するのです。そして、将来の事業性があると判断したら、次に特許性を判断していくことになります。

　もちろん、事業性の有無によって、特許性の判断基準も変えていくべきです。

　事業性が高く、次期主力製品に織り込む可能性が高い発明であるのなら、既に同じような技術が、先行する公知技術にあったとしても、どうにかして権利化できないかということを一生懸命に考えて、特許にするための方策を検討します。

　逆に、技術的なハードルが高く、事業性が低いと判断したら、近い公知技術がなかったとしても出願するのをやめるということも検討すべきです。

　確かに、未知の技術領域のものについては、技術革新のスピードなどを考慮し、将来の「金の卵」となることを期待して出願するという選択もあります。しかし、特許出願１件の費用は、弁理士費用や権利維持費用を考えると、中小企業等ではもちろん、大企業でも小さい金額ではありません。出願費用だけでも弁理士に依頼すると１件で約１人分の月給が賄える金額です。

　ここは、自社の懐事情も考慮して、出願するかどうかを判断すべきだと思います。そして、仮に出願しないという判断を下した場合、それを発明者に伝えて納得してもらう必要があります。

　なぜなら、**企業は、事業のために発明の権利化を図るのであり、発明者のために発明の権利化を図るのではない**からです。

　私は、知財担当者は企業の知財力（技術力ではない）を高めるため、また、知財紛争を未然に防ぐために存在するものだと考えます。よって、**企業経営者の視点で知財業務を行う必要がある**のです。

　知財担当者は、決して、開発者の下請け、特許庁審査官の出先機関、又は開発者の閑職などではありません。知財担当者は、企業経営者に近い仕事ができる**要職**なのです。

２．事業と知財の関係

　では、知財担当者が扱う「知財（＝知的財産）」とは何でしょうか？

　下図のように、「知財」という言葉には、第１説と第２説があると言われます。あなたは、どちらの説を採りますか？

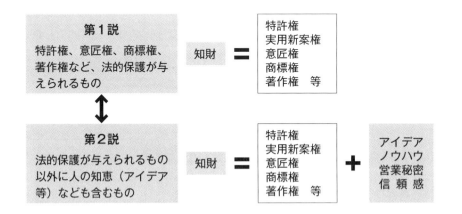

　文脈によっては、いずれの意味も正しいのですが、この本ではいずれかに統一したほうが以下の議論が分かりやすいので、統一したいと思います。

　法律では、どうなっているのでしょうか？

「知的財産」とは（知的財産基本法２条１項）

「発明、考案、植物の新品種、意匠、著作物その他の人間の創造的活動により生み出されるもの、商標、商号その他事業活動に用いられる商品又は役務を表示するもの及び営業秘密その他の**事業活動に有用な技術上又は営業上の情報**」

　このように、法律上「知的財産」とは、事業活動に有用な技術上又は営業上の情報の総称です。このことから、法律的には、第２説に近いですね。

　この本でも、「知財」は、第２説ということで話を進めていきます。

　では、特許権とは何なの？　ということになりますよね。

　法律では、次のように規定されています。

「知的財産権」とは（知的財産基本法２条２項）

「特許権、実用新案権、育成者権、意匠権、著作権、商標権その他の知的財産に関して法令により定められた権利又は法律上保護される利益に係る権利」

　すなわち、特許権もこのように「知的財産『権』」として規定されているのです。

　この関係をイメージで表すと、下図のようになっており、モヤッとした情報である「知的財産」の中に、カチッとした法的保護が与えられる「知的財産権」が存在するというイメージになります。

「知的財産」と「知的財産権」の関係

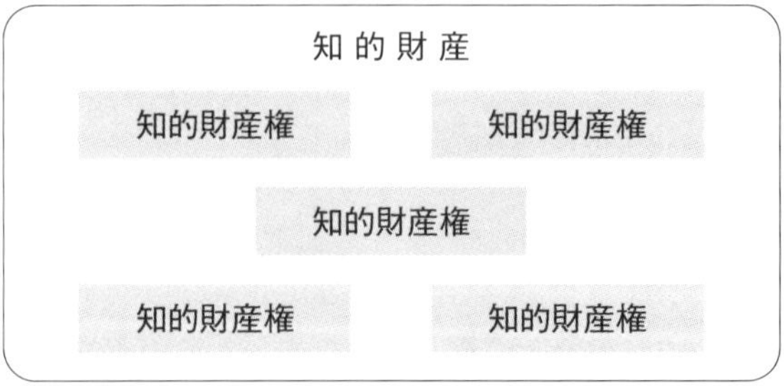

知的財産	
知的財産権	知的財産権
知的財産権	
知的財産権	知的財産権

　ところで、企業の「事業活動」ですが、次の図のように、例えばメーカー企業の場合は、株主や銀行から資金を集めて、その資金で建物や工場を建て、人を雇い、協力企業から材料や部品を購入して、その部品等を加工し、組み立てることで商品を完成させて、最終的に、その商品を消費者に販売します。

　そして、その商品代金の中から、株主に利益を還元したり、銀行に返済したり、協力会社に部品代金を支払うなどして、残りを企業収益としています。こうして企業収益を上げることが、企業の「事業活動」になります。

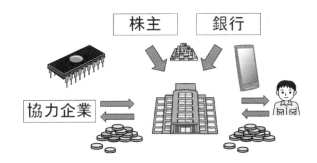

　そして、こうして販売した商品には、社内で考えられた製造装置や製造ノウハウ、また、販売手法、さらには、発明等を含めた工夫等が入ることによって具現化されています。

　消費者は、その商品の性能や値段、ブランドを気に入ることで、商品を購入すると思いますが、この時、企業は、目に見えない「知的財産」を生み出し育てて、その結果としての「商品」を販売しているのであり、消費者は、まさに、その商品に具現化された、その企業の「知的財産（技術やブランド力など）」で、他の企業の商品と差別化された商品を購入しているのです。

　仮に、こうした「知的財産（技術やブランド力など）」がなければ、商品は「差別化」されないため、消費者は、商品を購入しません。

　こうしたことから、企業の事業活動とは**知的財産を生み、育てる活動**であると言い換えても、過言ではないと思います。

　このように考えると、「我が社には知的財産なんて関係ない」という言い訳はできませんよね。

　では、「特許出願等の知的財産権（『知財権』ともいう）を生み出す活動」とは何か？　となります。

　これは、「社内の知的財産の中から**法的保護を与えたい部分を見いだし権利化する**」活動だと思います。例えば、「発明」が開発者からパッと出てきて、それを権利化するだけという「狭い」概念のものではありません。実はもっと広い概念で考えるべきなのです。

　これは、先ほど言ったように「企業の事業活動＝知的財産を生み、育てる活動」と定義すると、その知的財産の中から法的保護を与えたい部分を見いだして、権利化（知的財産権化）することが、特許出願等の活動になるのです。

　ちょうど、先ほど述べたイメージ図の中で、モヤッとした情報の「知的財産」の中から、カチッとした法的保護が与えられる「知的財産権」を作り出す作業になると考えてください。

　個人的に、今までいろいろな企業の知財部門の活動を見てきましたが、残念ながら「知財権を生み出す活動」をこのように広く捉えて活動されている企業は、少ないように思います。

　こうした視点を持って知財活動を行っていかないと、事業を守ることはできません。単に、特許法などの知財制度や海外の制度、さらに詳細な判例等の法律知識等を身に付けたとしても、こうした視点が抜け落ちていると、「事業を守る知財担当者」としての役割は果たせません。

　この点について、知財担当者は、十分に理解しておくべきだと思います。

３．知財活動（知財業務）の中身

　次に、知財担当者が行う具体的な知財活動（知財業務）の中身ですが、この内容も分かりにくいため、勘違いされている方が多いように思います。

　まず「知財担当者と特許事務所」の違いは何でしょう。ここを紐解くと、知財活動（知財業務）の中身を理解できると思います。

　そもそも、企業が知財担当者を置く理由はなんでしょう？

　よく言われるのが、「特許事務所に仕事を依頼するよりコストを削減できるから」とか、「知財活動が重要だと考えているから」とか、「知財の問題が起こった際に即座に解決できるから」とか、さらには「対外的に企業の知財力が高いことを示せるから」などです。

　果たしてそうでしょうか？

　「コストを削減できる」と言っても、その知財担当者の人件費、社会保険料等が、固定費として支出されることを考えると、さほどコストメリットがあるようには思えません。また「知財活動が重要だと考えている」と言っても、特許事務所と顧問契約等を結んで関係を密にすれば、対策できるのではないでしょうか。さらに「問題を即座に解決できる」ということに関しても、同様に特許事務所との関係を強化すれば足りますし、最後の「対外的に……」というのは、全く人件費をかけるメリットが見いだせません。

　こうしたことから、**知財担当者には、特許事務所とは異なる別の役割**が求められるはずなのです。

　では、特許事務所とは異なる別の役割とはなんでしょう？

　知財担当者は、特許事務所の人間とは異なり、活動場所が社内であり、属性としては社員です。また、知識としては、自社の業界内の知識や情報に長けています。

　とすれば、知財担当者は、社内で会社（経営者層）の本音を知った上で、業界内の知識が活かせる活動に注力すべきなのです。

　すなわち、知財担当者は**会社の事業戦略にのっとった知財戦略を構築して実行す**る役割を担える立場にあり、担うべきなのです。

　具体的には、会社の事業戦略は、市場動向や競合企業の動き等によって常に変化していきます。こうした会社の事業戦略の動きを見ながら、**知財戦略を構築・実行していく役割**が求められるのです。

　例えば、自社において、「今期は、Ａという事業について選択・集中する」という事業戦略が組まれたとしましょう。そうしたら、知財担当者であるあなたは、Ａという事業領域で、自社が「知財的」に問題なく、競合他社よりも有利な立場で事業が行えるように知財戦略を構築して、実行していくのです。具体的には、Ａという事業を行う上で、問題になる他社の知財権の状況がどうなっているのか、また、その状況に対して、どのように対策を講じるかについて検討していくのです。

　もう少し具体的に、この**知財戦略の構築と実行**について説明していきましょう。
　まず行う必要があるのが、**自社の事業業域で、知的財産権による保護が効果的であるか否かの確認**です。
　業界によっては、既に別の法制度等で参入障壁があり、知的財産権の有無とは関係なく、事業の優位性が決まる場合があります。この点をまず確認します。
　この確認作業では、① **競合企業と自社との市場シェア等の実際のランキング**、② **競合企業と自社の知的財産権の件数等の知財分野のランキング**を調べて、①と②を比較します。

　①と②がほぼ同じような比率であれば、知的財産権による保護が効果的であることが推測できます。一方、全く違うような場合、特に、①で競合企業は大きな市場シェアを取っているのに、②では知的財産権を全く持っていないような場合、これは、知的財産権による保護が、事業の優位性に効果的でない可能性があります。

　この場合には、何が参入障壁になっているかを確認する必要があります。何か別の法制度等で参入障壁ができているのであれば、無理して知財戦略を構築して、知財活動を行う必要はありません。もっと効果的なことに資金を投入するほうが、企業にとっては有益です。

　しかし、競合企業が単に、営業活動がうまいから、安く商品を販売しているから、ということで、優位性を得ているのであれば、しっかりと知財戦略を構築して、知財活動を行えば、市場シェアをひっくり返すことも可能です。この場合には、知財戦略をしっかりと考えて構築しましょう。

　次に行う必要があるのが**具体的な知財戦略の構築**です。
　これは、知財活動を行う上で必要な「ヒト」「モノ」「カネ」について、どのようにするのかを決定することです。

　まず、「ヒト」ですが、知財担当者としてどの程度の人員を充てるのかを決定します。これは、知財活動をどの程度のボリューム（工数）で行うかにもよりますが、目安として、競合企業の出願件数等なども考慮して、自社の知財活動のボリューム（工数）を決めていくことになると思います。
　また、特許事務所を使うのか否か。使う場合には、どのような使い方をするのか。出願書面を作って出願代理をしてもらうだけの本来的な弁理士業務に限定するのか。それとも、知財コンサルティング業務までも依頼して社内に入り込んでもらうのかなどを決定します。

　次に、「モノ」ですが、知的財産権には、特許権、意匠権、商標権、さらには法的保護を与えられる営業秘密（ノウハウ等）があります。こうした種類の知的財産権を、どのように使って活用していくかを考えて、知財網を構築するかどうかについて検討します。

　保有する件数（出願する件数）についても、この「モノ」を決定する範疇になると思います。専門的にいうと、「事業を守るために、知財権のポートフォリオをどのように構築するか」を決定していくことになるでしょう。

　最後に、「カネ」ですが、これは知財活動にかかる費用です。
　もちろん、安く済ますほうがいいとは思いますが、最低限の予算を組まないと、知的財産権で事業を守ることはできません。この費用には、知的財産権の調査費用や知的財産権の権利化費用、さらには、鑑定等で生じる弁護士・弁理士費用、また、職務発明の報奨金関係の費用もここに含まれると思います。
　なお、この「カネ」を決める際に、数年前、「費用対効果を重視しろ、効果とは収益を上げることなので、知的財産権でライセンス料を稼げ」という主張もありましたが、そもそも事業会社では、ライセンス収入を目的として事業活動を行っているわけではないため、この主張はナンセンスです。

　では、この主張に対してどう反論するか？
　私なら、「知的財産権は、いわば、将来の事業活動を守るための『保険』です。よって、将来の事業を守るための『保険料』としての費用が必要なのです」と反論すると思います。

　次に、こうして**構築した知財戦略を実行**することになります。
　この知財戦略の実行が、具体的な知財活動です。その活動内容は、大きく分けて2つあります。
　（ア）事業を誘導していく活動（他社の知的財産権対応）
　（イ）事業を防御する活動（自社の知的財産権構築）

　このうち重要なのは、（ア）の事業を誘導していく活動です。以下、それぞれについて説明します。

（１）事業を誘導していく活動（他社の知的財産権対応）

この活動は、他社の知的財産権を認識した上で、事業の方針を誘導（アドバイス）していく活動です。

具体的にいうと、ある事業に関する知的財産権を「パテントマップ」や「データベース」を作った上で明らかにし、事業部門（開発部門）に対して、商品開発等の方向性を知財面からアドバイスする活動です。

もし、回避できない知的財産権が存在する場合には、開発活動の障害を解消するようにライセンス導入等を行うこともこの活動になります。

もっとも、知財担当者になって最初からパテントマップを作るのはかなり大変です。よって、最初は自社の事業に関する技術分野の特許公報等をさらっと読んで、競合企業がどのような権利を持っているのかを確認する、という作業を行うといいでしょう。または、何か具体的な技術に関する「特許調査（抵触調査）」を行い、その際に、多めに特許公報を読み込むことで、結果的に、競合企業の権利内容を知ることもできると思います。

特許公報を読むことは、最初は、かなり苦労しますが、後ほど、「Ⅱ　特許・実用新案」で、特許公報の読み方を紹介するので、そこで、特許公報の読み方をマスターしてください。

事業を誘導していく活動が重要であるのは、他社の知的財産権を侵害すると、自社は、事業の差止めや損害賠償等のリスクを負うためです。当然、他社の知的財産権の存在を最も知り得るのは、特許公報等に触れることの多い知財担当者です。しっかりと、競合他社の知的財産権を確認するようにしましょう。

なお、特許権侵害は、特許権の存在を「実際には」知らなかったとしても成立します。特許権の存在を知らなかったから特許権を侵害していない、という言い逃れはできません。

　差止めは侵害者が特許権の存在を知らず、侵害の事実を知らなくてもできます。また、損害賠償も侵害者側が過失はなかったことを証明しなければならないため、侵害する意図がなくても、損害賠償が請求されます。この点は、知財担当者として、しっかりと認識しておいてください。

（2）事業を防御する活動（自社の知的財産権構築）

　この活動は、自社の事業を守るために、自社の知財を権利化したり、ノウハウ化したりする活動です。

　具体的には、事業活動で発生した知的財産を権利化するに当たり、知財戦略の構築で行った「目標件数」の達成を目指し、「どの事業分野に注力」するのか等を考慮して権利化を図ります。また、権利化しない知的財産についても、不正競争防止法で求められる要件を満たすようにしてノウハウ化する配慮も必要です。

　ここで、知的財産の権利化の判断基準は、社内で明確に統一していたほうが行き当たりばったりにならず、社内の知的財産を適切に保護できると思います。

　例えば、工場内の生産設備の発明について権利化を図るべきか否か？　また、商品の生産方法の発明について権利化を図るべきか否か？　いずれも悩ましい問題です。なぜなら、権利化できたとしても、他者の発明の実施を確認するのが困難であり、権利行使が難しいためです。

　仮に、権利化することで社員のモチベーションを上げるという狙いがあれば、いずれの発明についても権利化していいと思います。しかし、権利行使ができないと意味がないと考えるのであれば、いずれの発明も権利化せずにノウハウ化するだけでよいと思います。

　こうしたことは、あらかじめ知財戦略で判断基準が固まっていないと答えを出すことができません。その場その場で判断するのではなく、統一的な判断基準を定めておくべきです。

　また、発明には、「将来的な技術の発明」と「実施予定の技術の発明」とがあります。このときも、判断規準を明確に持っていたほうがよいです。それは、**事業における技術的価値**が違うからです。

　「事業」という視点でみれば「実施予定の技術の発明」のほうが、価値が高いと思います。よって、「実施予定の技術の発明」については、技術の内容が細かくても、権利化を図るべきです。

　一方、「将来的な技術の発明」については、大きな概念で権利化できるなら権利化してもよいと思いますが、そうでないのなら、権利化しないという選択をしてもよいと思います。

　知財担当者の心構えが**企業経営者の視点で知財業務を行う**ことである以上、「事業」という視点で、この権利化の判断基準も考えていくようにしてください。

　以下、それぞれの法域ごとに知財業務の内容を説明していきます。

II 特許・実用新案

1．特許制度に関する事例

商品開発を行っていく際に、実際に生じる可能性がある事例を4つ示します。

なぜ、このようなことになったのでしょう。こうした問題を避けるためにどのようにすればよかったのでしょうか？　考えてみてください。

なお、いずれの事例も特許制度を知っていれば簡単です。

［事例1］

➢　Aさんは、1年前発売の大手メーカー甲社の構造をマネして商品化を図りました。

➢　Aさんは、特許調査をしましたが該当する特許がなかったので問題ないと思いました。

↓

➢　しかしその後、甲社から特許権侵害であるとして警告書が届きました。なぜでしょうか？

［事例2］

➢　Bさんは、3年前発売の大手メーカー乙社の構造によく似た構造で商品化を図りました。

➢　Bさんは、特許調査をして該当する公開特許を発見しましたが、商品化を図った**商品は権利範囲に含まれていません**でした。

↓

➢　しかしその後、甲社から特許権侵害であるとして警告書が届きました。なぜでしょうか？

［事例3］

➤　Cさんは、新規構造で商品化を図りました。

➤　Cさんは、特許性が高くないと思ったため、**実用新案で
出題して権利化を図って**安心していました。

↓

➤　しかしその後、丙社から類似商品が販売されましたが、
権利行使ができず、その結果、シェアを奪われてしまい
ました。なぜでしょうか？

［事例4］

➤　Dさんは、独創的なアイデアを活かして商品化を図りま
した。

➤　基本アイデアは特許出願して権利化していましたが、そ
の後、**改良部分については出願しません**でした。

↓

➤　しかしその後、後発メーカー丁社から特許権侵害である
として警告書が届きました。なぜでしょうか？

◆ 解 答 例 ◆

[事例１]

　特許の出願公開（特許法64条）は出願日から１年半後です。よって、商品化後も再度の調査をして、甲社の特許出願を把握しておくべきでした。

[事例２]

　特許の権利範囲は補正手続き（特許法17条の２）によって変化します。このため、権利確定までフォローしておくべきでした。

[事例３]

　実用新案は無審査で権利化されるため（実用新案法14条）、早期に権利化されてしまい、補正できず類似商品に権利行使できない場合が多いです。よって、商品化するのであれば、特許出願することで、補正の機会を確保しておくべきでした。

[事例４]

　基本特許があっても、他社に改良特許が取られると、改良部分は実施できません。よって、改良部分についても出願等をしておくべきでした。

　知財担当者であれば、こうした事例に関連する法制度は最低限覚えてください。

　しかし、細かい条文や判例等を覚える必要はありません。細かい部分は専門家である弁理士等に聞いて確認すればよいのです。

　それより知財担当者として注力すべきことは、**競合企業の特許公報等を読むこと**です。特許公報等を読んで、**競合企業の技術動向や出願動向を把握すること**です。競合企業の技術動向や出願動向を把握することのほうが、企業の知財担当者として何倍も重要です。

2. 特許制度の概略

特許制度の概略について、簡単に説明します。

（1）特許を受けることができる発明

特許を受けるためには、以下の7つの要件が必要です（実質的要件のみ）。

（ア）自然法則を利用した**技術的思想の創作**である

（イ）**産業上利用**できるものである

（ウ）新しい（**新規性がある**）ものである

（エ）容易に考え出せない（**進歩性がある**）ものである

（オ）**最初に出願**されたものである

（カ）明細書等に十分に記載されている

（キ）**公序良俗**に反しないものである

この中で、特に、基本的な要件は、（ア）技術的思想の創作、（ウ）新規性、（エ）進歩性、なので、これらについて簡単に説明します。

（2）技術的思想の創作[＝法律上の発明]（特許法2条1項）

「自然法則を利用した」については、よく特許の基本的な教科書等に書いてあり、また、製品を作り出すメーカー等においては、特に問題になることがないので、ここでは、「技術的思想の創作」について説明します。

次ページの図を使って「技術的思想」を説明すると、まず「具体的な車」は、具体的な製品であるため、「発明品」であると言えます。一方、「赤い車」には、いろいろなモノがあり、「赤い車」という概念から「具体的な車」に至るまでに徐々に具体化されます。

その途中には、「セダンタイプの窓を備えた四輪の乗用車」という概念と、さらに、「ヘッドライト、サイドミラー、バンパー、ドアノブを備えた四輪の乗用車」という概念などが存在します。

　このように、具体的な製品に至るまでの「抽象的な技術的概念」が「技術的思想」ということになり、この「技術的思想の創作」が「発明」に該当することになります。よって「発明」とは、具体的には目で見ることができない「抽象的な技術的概念」であると理解してください。

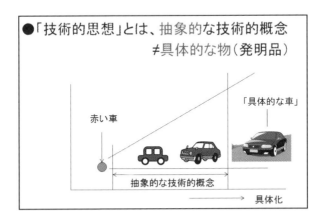

（３）新規性（特許法29条１項各号）

　この「発明」が、**世間で知られてないことが必要**です。具体的には、次のようなものが挙げられています。

　　（ア）出願前に公然に知られていない（ex.テレビ放映等はされていない）

　　（イ）出願前に公然に実施されていない（ex.店頭販売等はされていない）

　　（ウ）出願前に書籍・インターネットで公開されていない（ex.特許公報等に掲載されていない）

　特許庁の審査実務では、出願日より前の特許公報が引用文献として多く挙がるため、特許公報を中心に新規性の調査を行えば大丈夫です。

　なお、この新規性が求められる対象も前述した「発明」です。換言すると、特許出願する際、「特許請求の範囲」に記載しているものが新規であればよいのであって、その他の書面（明細書等）に記載された内容の全てが新規である必要はありません。

（4）進歩性（特許法29条2項）

　この「発明」が、容易に考え出せないものであることが必要です。

　具体的には、**その技術分野に属する通常の知識を有する者（当業者）から見て、その発明に至る考え方の筋道が容易でないことが必要です。**

　ただし、この判断基準は、新規性と異なり「目で見ることができない」ため、分かりにくく、知財業務を行う上で、一番把握することが難しい判断基準です。知財業務をある程度経験してから把握するしかないと思います。

　もっとも、この進歩性は、学者や博士が考えるような、学術レベルの高いものである必要はありません。感覚的には、その発明から導かれる作用効果が「なるほど」と思える程度で、進歩性があると判断してください。

　ちょうど、「コロンブスの卵」のようなイメージで、後で言われると「なるほど」と言えるレベルであれば、進歩性があると考えればよいと思います。

　例えば、進歩性がないものとして、特許庁の特許・実用新案審査基準には、次のようなものが挙げられています。

　（ア）公知の2つの発明（技術）を単に組み合わせたにすぎないもの

　（イ）発明の構成要素を一部置き換えたにすぎないもの

　（ウ）数値や比率等を特定しても、特有な効果がないもの

　（エ）設計的事項（特有な効果がない構造）であるもの

　ここでポイントになるのは、「**特有な効果**」です。公知の2つの発明（技術）を組み合わせていても、「特有な効果」があれば進歩性があります。言い換えると、その装置等において「＋αの効果」が見いだせれば進歩性があるのです。

　私は、マツダ勤務の新人時代、先輩から「新規性があれば、必ず進歩性がある」「その進歩性を見いだせないと、知財担当者としては半人前」と言われ、それを聞いた当初は、「そんなことはないだろう」と思っていましたが、知財業務を20年以上経験し、「確かに、新規性があれば、進歩性を見いだせるな」と感じています。

　これを実感できるようになれば、知財担当者として一人前なのかもしれません。

（5）出願手続きの概略

　出願手続きの概略は、下図のようになっています。白地の項目が出願人側が行う手続き、灰色地の項目が特許庁側が行う手続きです。

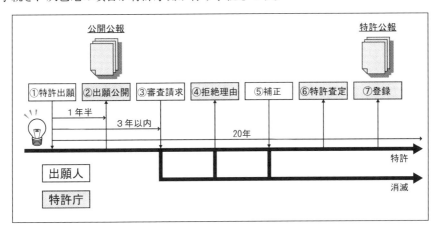

① 特許出願（特許法36条）

　出願人は、「発明」が生まれると特許庁に特許出願を行います。この特許出願の際には、後ほど説明する出願用の書類（特許明細書等）を特許庁に提出することで行います。この特許明細書等を、どのように記載するかによって、特許が取れたり、取れなかったりします。また、特許の権利範囲も変化します。この点についても後ほど説明します。

② 出願公開（特許法64条）

　特許庁は、出願日から１年半後に「公開特許公報」を発行して一般に発明の内容を公開します（「出願公開請求」を行うと、もっと早く公開される場合がある）。第三者は公開されて初めて出願された発明の内容を知ることになります。

　なお、ここで勘違いしてはいけないのが、「公開特許公報」が発行されたとしても、特許になったわけではないということです。どのような発明が特許庁に出願されたかを、一般に広く周知しているだけなのです。

③ 出願審査請求（特許法48条の２）

出願人は、出願日から３年以内に、「出願審査請求」という手続きを行います。この手続きを行うことで、特許庁は、出願された内容の審査を開始します。

このため、出願日から３年以内に出願審査請求を行わなかった場合には、出願したものは消滅します（取り下げたものとみなされる）。

④ 拒絶理由（特許法50条）

出願審査請求を行うと審査官は出願内容の審査を行い、その出願内容に拒絶理由がある場合（先ほどの７つの要件等を欠く場合）には拒絶理由を通知します。もっとも、この拒絶理由が通知されたからといって、慌てる必要はありません。ここからが知財担当者の腕の見せどころです。先行技術との差をわずかに出した上で、できるだけ広い権利範囲で権利を取得するのがセオリーだからです。

なお、こうした拒絶理由の通知がなく、いきなり特許が取れるほうがいいようにも思えます。しかし、実はこれは、単に、最初に出願した際の権利範囲が狭いため、何ら拒絶されることなく登録されているにすぎません。実際、実務では、約７割程度の案件で拒絶理由が通知されています。これは、出願人側があえて広い権利範囲を狙って出願し、権利化を図っている表れだと思います。

この拒絶理由通知に対して何も対応しなければ、そのまま拒絶査定を受けて、出願された発明は、権利化されずに消滅します（厳密には、拒絶査定不服審判で争う余地はある）。

⑤ 補正（特許法17条の２）

拒絶理由通知に対して、通常は、出願人側が権利範囲を狭くするような補正等をして拒絶理由を解消しますが、この補正の仕方がポイントです。近い先行技術がどのようなものかを把握して、その上で、補正によって発明の内容に差を持たせ、その差に基づく作用・効果を主張して権利化を図るのです。この時、手続補正書と同時に「意見書」を提出して、この内容を主張します。

⑥ 特許査定（特許法51条）

　審査官が手続補正書の内容と意見書の内容を検討して、拒絶理由が解消したかどうかを判断します。審査官は、拒絶理由が解消していると判断した場合、特許査定（登録査定）を下します。一方、拒絶理由が解消していないと判断した場合は、拒絶査定を下します（補正によって新たな拒絶理由が発見された場合は、別途、最後の拒絶理由が通知される）。

　こうして拒絶査定が下されると、前述したように、出願された発明は、権利化されることなく消滅します（その後、拒絶査定不服審判で争う余地はある）。

⑦ 登録（特許法66条）

　特許査定を受けた発明は、登録料を納めると特許庁で登録手続きがされ、晴れて「特許権」が付与されて、「特許公報」が発行されます。特許公報が発行されると、出願人は誰に対しても自分が特許権者であると主張することができます。

　その後、特許権は、出願日から20年存続させることができます。なお、途中で特許料（維持年金）の支払いをやめると、そのときに、特許権は消滅することになります。

　こうした一連の出願手続きのなかで、知財担当者として知っておくべきは、出願時点で権利化を図ろうとした発明と、最終的に権利化された発明は、補正によって変化するということです。前述したように、発明とは「技術的思想の創作」という抽象的な概念であるため、一律に「発明」を固定化（規定）するのは困難なのです。

　もし、権利化するものが「発明」でなく「発明品」であれば、固定化（規定）することは可能であり、権利化手続きの途中で内容が変化することはないでしょう。

　知財担当者は、権利化を図る「発明」が、抽象的な概念である「技術的思想の創作」であるため固定化されずに権利化手続きの途中で「補正」によって変化してしまうことを十分に理解した上で、知財業務を行ってください。

3．出願書面、中間書面、特許公報等

（1）特許明細書等

　特許の出願時に提出する出願書面、すなわち特許明細書等について説明します。

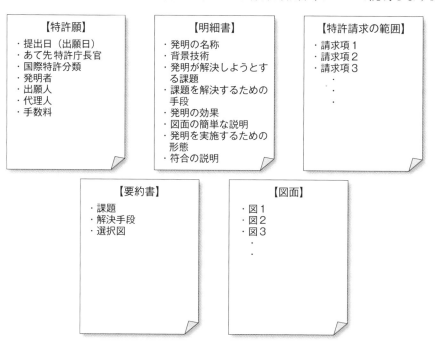

【特許願】
・提出日（出願日）
・あて先特許庁長官
・国際特許分類
・発明者
・出願人
・代理人
・手数料

【明細書】
・発明の名称
・背景技術
・発明が解決しようとする課題
・課題を解決するための手段
・発明の効果
・図面の簡単な説明
・発明を実施するための形態
・符合の説明

【特許請求の範囲】
・請求項1
・請求項2
・請求項3
　・
　・
　・

【要約書】
・課題
・解決手段
・選択図

【図面】
・図1
・図2
・図3
　・
　・

① 願書［特許願］（特許法36条1項）

　まずは、提出する一連の書類が何かを明らかにするために、書誌的な事項を記載した書面である「願書」が必要です。書類名は【特許願】として記載しますが、通常は「願書」と言います。この書面には、書面の提出日（出願日）や、発明者の名前や出願人の名称（法人名等）などを記載します。

② 明細書（特許法36条3項、4項）

　この書面には、発明の名称等、発明の技術内容を具体的に記載します。【明細書】とは言いますが、技術内容を記載する主な書面です。一般的によく言われる数量や金額を記載する明細書のような補助的な書面ではありません。

　この書面には、背景技術（従来技術）から本件の発明が解決する課題、課題を解決するための手段、効果、及び発明を実施するための形態等、発明の技術内容を詳細かつ具体的に記載します。

③ 特許請求の範囲（特許法36条５項）

　この書面には、特許を取りたい範囲の発明を記載します。この【特許請求の範囲】をどのように記載するかによって特許権の権利範囲が決まるため、極めて重要な書面です。ここの記載方法には、ある法則があり、特殊なので一般的な日本語だと思って読むと、意味が分からないと思います。この特許請求の範囲の読み方については、後ほど説明します。

　また、特許請求の範囲では、【請求項１】【請求項２】と項目を分けて記載して、請求項１が１つ目の発明、請求項２が２つ目の発明という形で記載します。すなわち、この特許請求の範囲には、複数の発明を記載して、１件の出願で複数の発明を権利化するのです。

④ 要約書（特許法36条７項）

　この書面には、出願する発明内容をシンプルにまとめて記載します。要約書の内容は出願公開の際、公開特許公報のトップページに記載されて、この出願が、どのような発明に関する内容なのかを分かりやすく示す「概要」としての役割があります。もっとも、この要約書の内容は権利範囲には影響を及ぼさないと特許法に規定されているため、作成する際にさほど注意を払う必要はありません。

⑤ 図面（特許法36条２項）

　この書面では、明細書のうち、「発明を実施するための形態」の内容を理解しやすいように、具体的な装置や方法（発明品や発明方法）の図を記載します。

　しかし、設計図面のように詳細に記載する必要はありません。発明に関する部分を中心に分かりやすく記載すれば十分です。

　以上、５種類の書面を準備して、出願手続きを行います。もっとも、図面については、発明の内容によって不要である場合には添付しません。化学系の発明の場合には、図面を添付しないことも多いです。

　出願手続きは、インターネット経由のインターネット出願と、郵送での書面出願の２つの方法が認められています。特許事務所に出願を依頼した場合には、ほぼ、インターネット出願で出願手続きが行われます。

（２）公開特許公報（特許法64条）

　出願から１年半後に次ページのような公開特許公報が特許庁から発行されます。

　まず、一番上の中央に表題として「公開特許公報」と記載されているのが、この公報の種別です。その右側には公開番号が記載されます。「特開2017-66995」と記載されているのが、この公報の公開番号です。「特許の公開公報で2017年に公開されたもののうち、66995番目の案件」という意味合いで捉えると、分かりやすいでしょう。

　その下には、この公報の公開日が記載されています。この公開日は、この公報の内容が公になった日であり、この公報の内容が他の特許出願等の公知技術として使える判断基準日となるため重要です。

　その下の欄には、左から順番に、国際特許分類（IPC）、FI記号、Fタームといった、この公報の内容を技術内容で分類する記号等が記載されています。特許調査などを行う場合には、この記号等で検索することになります。

　さらに、その下の欄には書誌事項が記載されており、左側には、出願番号や出願日が記載されて、右側には、出願人や発明者、代理人の名前が記載されています。

　そして、この公開特許公報で最も特徴的なのが、下の欄です。ここには要約書の記載内容が記載されています。これで、この公開特許公報が、どのような内容の発明に関するものなのかが即座に分かるようになっています。

　もっとも、先ほどの要約書のところで説明したように、記載内容に法的な拘束力はありません。そのため、ここは比較的自由に記載されており、この内容で、発明の内容を把握するにはリスクがあることを認識しておいてください。

(19)日本国特許庁(JP)　　　　　(12)公開特許公報(A)　　　(11)特許出願公開番号

特開2017-66995
(P2017-66995A)

(43)公開日　平成29年4月6日(2017.4.6)

(51) Int.Cl.			FI			テーマコード　(参考)
FO2F	3/14	(2006.01)	FO2F	3/14		3GO23
FO2F	3/10	(2006.01)	FO2F	3/10	B	3JO44
FO2B	23/10	(2006.01)	FO2B	23/10	310G	
F16J	1/01	(2006.01)	F16J	1/01		
F16J	1/02	(2006.01)	F16J	1/02		

審査請求　未請求　請求項の数 6　OL　（全 10 頁）

(21) 出願番号	特願2015-194263 (P2015-194263)	(71) 出願人	000003137
(22) 出願日	平成27年9月30日 (2015.9.30)		マツダ株式会社
			広島県安芸郡府中町新地3番1号
		(74) 代理人	110001427
			特許業務法人前田特許事務所
		(72) 発明者	猪飼　孝至
			広島県安芸郡府中町新地3番1号　マツダ
			株式会社内
		(72) 発明者	青木　理
			広島県安芸郡府中町新地3番1号　マツダ
			株式会社内
		(72) 発明者	市川　和男
			広島県安芸郡府中町新地3番1号　マツダ
			株式会社内

最終頁に続く

(54)【発明の名称】エンジン燃焼室の断熱構造

(57)【要約】　　　　(修正有)

【課題】ピストン本体頂面のスキッシュエリア面に断熱層を形成しつつ、当該断熱層に大きなクラックが発生するのを防止し、断熱層の損傷・剥離を抑える。

【解決手段】ピストン本体19の頂面におけるスキッシュエリア面12'の断熱層21bをキャビティ面11'の断熱層21aよりも薄くするようにした。高い断熱性能を要するキャビティ面には、十分な厚さの断熱層を形成するとともに、スキッシュエリア面には、キャビティ面の断熱層に比べて半分以下の厚さの断熱層を形成することにより、ピストン本体の頂面全体で優れた断熱性能を得つつ、スキッシュエリア面の断熱層に発生するクラックの成長を抑制し、当該断熱層の損傷・剥離を抑えることができる。

【選択図】図3

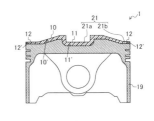

（3）出願審査請求書（特許法48条の2）

　審査官に審査を開始してもらうためには、出願審査請求をしなければなりません。下記のような書面を特許庁に提出して行います。

　出願審査請求料は、金額を見ても分かるように十数万円かかります。中小企業ではもちろんのこと、大企業でも少額とはいえない金額です。したがって、この出願審査請求のタイミングで「意味」のある権利にできるかどうかを検討すべきです。

　この検討の際には、自社の実施状況や他社の実施状況、他社の特許等の先行技術等を調べた上で、必要であれば、権利範囲

【書類名】	出願審査請求書
【あて先】	特許庁長官殿
【出願の表示】	
【出願番号】	特願2015-194263
【請求項の数】	6
【請求人】	
【識別番号】	000003137
【氏名又は名称】	マツダ株式会社
【代表者】	小飼　雅道
【手数料の表示】	
【予納台帳番号】	003573
【納付金額】	142,000円

を補正するなどの対策をして、「意味」のある権利にすべきです。

　出願時には不明確だったこれらの情報が、出願審査請求の時点では明確になっている可能性があるため、このタイミングで、権利範囲を吟味してください。

（4）拒絶理由通知書（特許法50条）

　審査官が審査を行い、拒絶理由を発見すると、審査官は、次ページのような書面で拒絶理由を出願人に通知します。審査官は、前述した7つの要件のうち1つでも満たしていないと判断した場合には、拒絶理由を通知します。

　拒絶理由通知書を確認する上で大事なのは、「記」以下に記載されている事項です（紙幅の都合により表示されていないが、次ページの拒絶理由通知書にも「記」以下に「理由1」以降の記載がある）。審査官が、具体的にどのように考えて拒絶理由を通知したのかが、ここに記載されているからです。

拒絶理由通知書

特許出願の番号　　　　　特願２０１５－████████
起案日　　　　　　　　　平成２９年　９月１３日
特許庁審査官　　　　　　████████████
特許出願人代理人　　　　特許業務法人前田特許事務所　様
適用条文　　　　　　　　第２９条第１項、第２９条第２項

　この出願は、次の理由によって拒絶をすべきものです。これについて意見がありましたら、この通知書の発送の日から６０日以内に意見書を提出してください。

理由

１．（新規性）この出願の下記の請求項に係る発明は、その出願前に日本国内又は外国において、頒布された下記の刊行物に記載された発明又は電気通信回線を通じて公衆に利用可能となった発明であるから、特許法第２９条第１項第３号に該当し、特許を受けることができない。
２．（進歩性）この出願の下記の請求項に係る発明は、その出願前に日本国内又は外国において、頒布された下記の刊行物に記載された発明又は電気通信回線を通じて公衆に利用可能となった発明に基づいて、その出願前にその発明の属する技術の分野における通常の知識を有する者が容易に発明をすることができたものであるから、特許法第２９条第２項の規定により特許を受けることができない。

記　　　（引用文献等については引用文献等一覧参照）

・理由１（新規性）の１、理由２（進歩性）の１について

　意見書や手続補正書を作成するポイントは、拒絶理由の記載内容に即して反論や補正をすることです。それによって拒絶理由を解消してください。いくら技術が優れていても、反論や補正の内容が的外れであれば特許を受けることはできません。

（5）意見書・手続補正書（特許法50条、17条の２）

　出願人は、拒絶理由通知を受けてから60日以内に意見書を提出することができます。下記のような意見書を作成します。なお、通常は拒絶理由を解消するために、権利範囲を補正した手続補正書を作成して、意見書と同時に提出します。

【書類名】　　　　　　意見書
【整理番号】　　　　　20155071
【あて先】　　　　　　特許庁審査官　█████████殿
【事件の表示】
　　【出願番号】　　　特願2015-194263
【特許出願人】
　　【識別番号】　　　000003137
　　【氏名又は名称】　マツダ株式会社
【代理人】
　　【識別番号】　　　110001427
　　【氏名又は名称】　特許業務法人前田特許事務所
　　【代表者】　　　　前田　　弘
　　【電話番号】　　　06-4796-9955
【発送番号】　　　　　411974
【意見の内容】
１．拒絶理由の要点
Ａ．本願に対する拒絶理由は、下記の引用文献１を引用され、本願の請求項１に係る発明は、特許法第２９条第１項第３号又は同第２項の規定により特許を受けることができない、というものです。
Ｂ．本願に対する拒絶理由は、下記の引用文献１，２を引用され、本願の請求項２，３に係る発明は、特許法第２９条第２項の規定により特許を受けることができない、というものです。

　意見書や手続補正書は、前述した拒絶理由通知の内容に即して記載しますが、意見書等で記載した内容が、権利行使の際に、権利範囲の解釈に影響を与えることを考慮しなければなりません。権利化を図りたいがために、余計な作用効果を主張してしまうと、権利範囲を狭く解釈されるおそれがあります。

　よって、意見書や手続補正書を作成するときには、権利化を図るという視点だけではなく、権利行使のことも考えて内容を記載しましょう。

【書類名】	手続補正書
【整理番号】	20155071
【あて先】	特許庁長官　殿
【事件の表示】	
【出願番号】	特願2015-194263
【補正をする者】	
【識別番号】	000003137
【氏名又は名称】	マツダ株式会社
【代理人】	
【識別番号】	110001427
【氏名又は名称】	特許業務法人前田特許事務所
【代表者】	前田　弘
【電話番号】	06-4796-9955
【発送番号】	411974
【手続補正1】	
【補正対象書類名】	明細書
【補正対象項目名】	００１０
【補正方法】	変更
【補正の内容】	

　　【００１０】

　すなわち、ここに開示するエンジン燃焼室の断熱構造は、エンジンの燃焼室を区画するピストン本体の頂面に断熱層が設けられたものであって、上記ピストン本体の頂面は、上記燃焼室のキャビティを形成するキャビティ面と、上記燃焼室のスキッシュエリアを形成するスキッシュエリア面とを備えており、上記スキッシュエリア面に設けられた断熱層の

（6）拒絶査定（特許法49条）

　拒絶理由を解消できず、拒絶査定を受けると、以下のような書面が送付されてきます。拒絶査定の書面では、「備考」以下に記載されている部分が大事です。審査官がどのように考えて拒絶査定を下したのかが、記載されているからです。

拒絶査定

特許出願の番号　　　特願２０１６−█████████
起案日　　　　　　　平成２９年　９月２８日
特許庁審査官　　　　███████████████████████████
発明の名称　　　　　████████████████
特許出願人　　　　　████████████
代理人　　　　　　　特許業務法人前田特許事務所

　この出願については、平成２９年６月２１日付け拒絶理由通知書に記載した理由１によって、拒絶をすべきものです。
　なお、意見書及び手続補正書の内容を検討しましたが、拒絶理由を覆すに足りる根拠が見いだせません。

備考

・理由１（特許法第２９条第２項）について

　　・請求項　　１−２
　　・引用文献等　１−２

［請求項１について］
　　出願人は、平成２８年８月２８日付けの意見書にて、「...引用文献の組み合わせについて検討しますと、これらの引用文献には、「二次電池の充電中に、電気ヒータを用いずに、潜熱蓄熱材を用いて二次電池の温度を、所定の温度帯に長時間維持することにより、極低温環境下においても、高い充電レートで継続的に二

　公開特許公報と同様に、一番上の中央に表題として「特許公報」と記載されており、これが、この公報の種別を表しています。

　そして、その右側に登録番号が記載されます。「特許第5929594号」とあるのがこの特許の登録番号です。登録番号は登録年度には関係なく1から順番に付与されます。つまり、この特許は国内で5929594番目に登録されたことを表しています。

　その下には、この特許の登録日が記載されます。この登録日が特許として効力を有する日であり、この日以降に権利行使ができるようになります。その下の欄には公開特許公報と同様に、国際特許分類（IPC）等の技術分類が記載されています。

　また、その下の欄も公開特許公報と同様に、書誌事項が記載されており、左側には出願番号や出願日、公開番号、公開日、審査請求日が記載され、右側には出願人や発明者、代理人の名前が記載されています。

　そして、この特許公報で最も特徴的なのが、一番下の欄です。ここには、特許請求の範囲の内容が記載されています。ここが要約書でもなく、明細書の内容でもないのは、特許請求の範囲が特許公報では最も重要であるためです。この特許請求の範囲については、後ほど詳しく説明します。

　以上が、出願手続きの中で関係する主要な出願書面と公報等の書類です。

４．その他の特殊な出願制度

　特殊な出願制度について説明します。

（１）国内優先権主張を伴った出願（特許法41条）

　特許実務を行っていると、よく使う出願制度です。商品開発が進んでいくと、商品の内容が、最初に出願した内容から少し変化することがあります。このような時に使う制度です。商品の内容が変わったのなら、補正という手続きで変えるのが余計な費用もかからないので望ましいのですが、補正には、「出願当初の明細書等に記載した事項の範囲内」でしなければならないという一定の制限があります。

　一般に「新規事項の追加禁止」と言われる制限です。

　そこで、新規事項に該当するような内容を追加したい場合には、先の出願の出願日から１年以内に国内優先権主張を伴った出願を行います。この出願を行うことで、内容の充実した発明を権利化することができます。もっとも、追加した内容の新規性判断の基準日は、先の出願日ではなく、そのまま今回の出願日なので、出願日が遡及して有利になるという制度ではないことに注意が必要です。

（２）新規性喪失の例外規定を使った出願（特許法30条）

　これもよく使う出願制度です。特許要件として「新規性が必要である」と説明しましたが、出願前に自分が発明を公にするような行為（例えば、展示会等で発表する、取引先に営業を行うなど）で、新規性を失います。

　しかし、こうした場合でも、一定の条件を満たしていれば、救済するのが特許法の趣旨に合致するとして、自己の行為に起因して公知になった場合でも、公知の日から１年以内に出願した場合には、新規性を失わなかったものとみなして救済するのが、この制度です。

　ただし、この制度を使って出願しても、出願日が早くなるわけではないので、できるだけ早く出願することが必要です。

（３）分割出願（特許法44条）

　この出願制度は、法律的には、別の発明が当初の明細書等に入っていたので、新たに別の出願を認めることで、別の発明も保護しようとするものです。しかし、実務上では、戦略的に使われることのほうが多い制度です。

　本来、「同じ発明」は、複数件で権利化できません（ダブルパテント禁止）。しかし、少しでも違えば「同じような発明」は別件として権利化できます。そこで、事業的に意味のある大事な発明や、競合企業に対して牽制したい発明等については、この分割出願をして、複数の特許で特許網を構築するのです。

　ただし、最近は、分割出願の濫用を防止するため、分割出願の要件がやや厳しくなっており、以前のように自由に分割出願ができなくなっています。

（4）出願変更（特許法46条）

　この出願制度は、実用新案登録出願や意匠登録出願から、特許出願に切り替えて権利化を図る制度なのですが、実務ではあまり使われていません。

　実用新案登録出願の場合は、すぐに権利化されるため、出願変更したい時にはできないことが多いからです。また、意匠出願の場合も、出願書面には技術的な内容の文章をほとんど記載していないので、特許明細書等を記載する際に、新規事項を追加してしまう可能性が高く、出願変更の要件を満たさないおそれがあり、現実的に出願変更するのが難しいためです。

（5）実用新案登録に基づく特許出願（特許法46条の２）

　これは、登録された実用新案権から特許出願に変更するもので、出願変更のところで説明した、実用新案登録出願から出願変更する際、すぐに権利化されて、出願変更できるタイミングが短いという問題に対応するために認められた制度です。

　すなわち、実用新案登録されたものについても出願日から３年以内であれば、特許出願に変更できるというものです。

　私自身、この出願制度ができてから何度か使ったことがありますが、出願変更よりは使いやすい制度だと思います。

５．実用新案制度の概略

　特許法は次のように定義しています。「『発明』とは、自然法則を利用した技術的思想の創作のうち高度のもの」（２条１項）。一方、実用新案法では「『考案』とは、自然法則を利用した技術的思想の創作」としており（２条１項）、「技術的思想の創作（アイデア）」を保護する点では、いずれも共通しています。

　よって、次ページの表に示すような違いを把握しておけば、実用新案の理解は十分です。まず、実用新案権の権利期間は出願日から10年（実用新案法15条）であり、特許の半分です。保護の対象も物品の構造等だけで、「方法」まで保護できる特許とは異なります。また、根本的に異なるのが、審査の方法です。

	特許	実用新案
1．権利期間	出願から20年	出願から10年
2．対　象	物、方法、生産方法	物品の構造等（方法：×）
3．審　査	厳格な審査	実質無審査
4．費　用	約16万円	約2万円
5．権利行使	容易	困難

※上記4は登録から3年まで、請求項1の特許庁費用（2021年4月時点）。

　特許では、審査官によって新規性や進歩性などの特許要件の審査が厳格に行われますが、実用新案の場合は、形式的に出願の「体」をなしているか否かを判断するだけで、実質的には無審査です。そして、出願から登録までにかかる費用について、実用新案は約2万円なのに対して、特許は約17万円です。このように費用が安いことが実用新案制度の最大のメリットだと思います。

　一方、実用新案の一番のデメリットは、権利行使がしづらいということです。審査期間が短く、権利行使できるような補正ができる期間がないということは大きな問題ですが、それよりも大きな問題は、実質的な審査が行われていないため、そのままでは権利行使ができず、「実用新案技術評価書」（実用新案法12条）という書面の作成を特許庁に求めて、その書面を相手方に提示して警告した後でなければ、権利行使ができないということです（実用新案法29条の2）。

　実用新案技術評価書とは、特許庁の審査官が作成するもので、特許出願の審査と同様に、新規性や進歩性の有無を判断します。特許出願の手続きでいうと、拒絶理由通知書又は特許査定の書面のようなものです。もちろん、実用新案技術評価書で評価が高ければ権利行使はしやすいですが、新規性や進歩性がないと判断された場合には、権利行使はしにくいでしょう。

　以上の理由から大手企業などでは実用新案制度を使っていません。しかし、コストメリットだけでも価値を見いだせるのなら、使ってもよいかもしれません。少なくとも「登録」されていることで、宣伝効果があると考えることもできるからです。

6. 権利化後の効力

（1）独占排他権

　特許出願が特許査定を受け登録料が支払われて登録されると、特許権が発生します。では、この特許権の効力とはどのようなものでしょうか？　条文は、次のように規定しています。

　「特許権者は、業として特許発明の実施をする権利を専有する。ただし、その特許権について専用実施権を設定したときは、専用実施権者がその特許発明の実施をする権利を専有する範囲については、この限りでない」（特許法68条）

　すなわち、原則として、特許権が業として特許発明の実施権を専有できるものであることが規定されています。いわゆる、特許権が特許発明の「独占排他権」であることを明らかにしているのです。

　特許権に「独占権」はなく「排他権」しかないという学説等がありますが、実務上はあまり関係がありません。特許権は、原則的に特許発明を独占的に実施できる権利であるが、例外的に「利用関係」があれば、実施できない場合がある（特許法72条）と考えれば十分でしょう。

　そして特許権は、物権的権利だと言われています。

　物権的権利とは、誰に対しても自分の権利を主張できるということです。このことから、特許権も物権の代表的な権利である「所有権」（民法206条）と同じように考えることができると言えます。そして、特許権の効力を「所有権」の効力と同じように考えれば、特許権の効力を比較的楽に理解することができると思います。

　所有権は、物を「使用」「収益」「処分」できる権利（民法206条）です。ここで「使用」とは物を使うこと、「収益」とは物を貸して利益を得ること、「処分」とは物を譲渡したり廃棄したりすることを指します。これに対して、特許権も、特許発明を「実施」することができ、特許発明を「ライセンス」してライセンス料を得ることができ、特許権（特許発明）を「譲渡」したり、「放棄」したりできます。

　以下、特許権の「実施（使用）」「ライセンス（収益）」「譲渡、放棄（処分）」について、それぞれ説明します。

※なお、実用新案権も、「効力」自体は特許権と同じですが（実用新案法16条）、他人に権利行使する場合には、一定の手続き（実用新案技術評価書を特許庁に請求して、その技術評価書を相手方に提示する）を踏む必要があるという違いがあります（実用新案法29条の２）。

（２）特許権の「実施（使用）」

　前述したように、特許権者は、権利範囲（特許請求の範囲）の特許発明を独占的に「実施」することができます。ここで言う「実施」とは、以下のようなものです。

　　（ア）「物」の発明の場合は、物の生産、使用、譲渡等（貸渡しも含む）、輸出、輸入、展示をする行為（特許法２条３項１号）

　　（イ）「方法」の発明の場合は、方法を使用する行為（特許法２条３項２号）

　　（ウ）「物を生産する方法」の発明の場合は、方法を使用する行為とその方法で生産した物の使用、譲渡等（貸渡しも含む）、輸出、輸入、展示をする行為（特許法２条３項３号）

　すなわち、特許権者は、原則的に、特許発明の物や方法について、独占的にこれらの行為を実施できるのです。

※一定の関係がある下請け企業の行為も「権利者」の行為とみなされる「一機関理論」というものがあります。すなわち、法人格は違うものの、特許権者の「手足」として特許発明を実施していると考えるのです。この理論が問題となるのは、共有の特許権者の一方が、勝手に子会社等に特許発明の製品等を作らせる場合です。

　もっとも、例外的に、上位概念の発明の特許が他人に取得されている場合、特許権者でも特許発明を自由に実施できません。これが「利用関係」の場合です（特許法72条）。

　さらに、特許権者は上位概念の発明の特許を取得していても、他人に下位概念の発明の特許を取得されると、この下位概念の発明は自由に実施できません。これは、自分の権利範囲の一部が、虫食い的に他人に取られたようなイメージです。

　このことは、下図のように、上位概念の発明αの特許権者Aも、下位概念の発明βの特許権者Bも、下位概念の「発明β」については自由に実施できないことを意味します。実際、これは実務上でもよく起こり得ます。それは、発明自体が「抽象的な技術的思想の創作」であり、通常は、他人の特許発明の改良（利用）によって、生まれるものだからです。

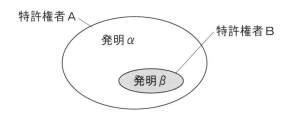

　しかし、この状態で「発明β」が、誰も実施できないのは不都合があります。

　そこで、どのようにするのかですが、この場合には互いの特許権を使い合う「クロスライセンス」で処理することになります。

　実は、ここが特許制度の面白いところだと思います。すなわち、先に技術を開発している会社でも、ボーーっとしていると、後発の会社にひっくり返されてしまうということです。こうしたことに気を配り、知財戦略をしっかりと立てて、事業展開を逆転させることも、知財担当者の醍醐味です。

（3）独占的実施から生じる権利

　このように独占的な「実施」を実効的にするために、特許権者には、以下の権利が認められています。

① 差止請求権（特許法100条1項）

　独占的実施を確保するため、他人の実施を停止させることができる権利です。

② 廃棄請求権（特許法100条2項）

　差止めをする場合、発明を構成するものを廃棄させることができる権利です。

③ 損害賠償請求権（民法709条）

　　侵害行為で被った損害を賠償させることができる権利です。

④ 信用回復請求権（特許法106条）

　　侵害行為によって特許権者の業務上の信用が害された場合に、信用回復の措
　置をさせることができる権利です。

　特許権の権利行使としてよく出てくるのが、差止請求と損害賠償請求です。この
うち、権利行使を受ける側として厳しいのは、差止請求です。これを受けると、事
業が止まってしまうためです。よって、知財担当者としては、できるだけ差止めを
受けないように対応することが必要になります。

　なお、公開時の損害を登録後に賠償請求できる権利である補償金請求権（特許法
65条）がありますが、この権利は、実務上、あまり使われないので、さほど気にし
なくてもよいと思います。

（4）特許権の「ライセンス（収益）」について

　特許権者が、収益を得る方法として、ライセンスがあります。テレビ番組などで、
面白おかしく、「特許権で大儲けした」というときに出てくるのが、このライセンス
による収入です。

　ただ、私は、この知財業界に20年以上いますが、ライセンス収入で大儲けをした
人に出会ったことがありません。ライセンス収入で大儲けすることは、宝くじに当
たるのと同じくらい難しいことだと思います。

　特に、個人の方が夢を見て、特許出願されることがありますが、うまくはいきま
せん。その発明が仮に良い技術であったとしてもです。

　これは、日本の企業がやや閉鎖的であるということも一因であると思いますが、
企業は、アイデアを出すよりも、アイデアを事業化して利益を出すことのほうが難
しいと考えているからだと思います。

　また、このライセンスについて、中小企業間では、あまり多く行われていません。大企業同士の場合、包括的クロスライセンス契約等が行われることがありますが、中小企業でライセンス契約を結んでいるという話は、聞いたことがありません。

　これは、各社が独自技術で事業を行っていることの裏付けとして、良いように思いますが、これは単に中小企業が特許権侵害の事実を権利者側も侵害者側も気付いていないため、こうした状況になっているのではないでしょうか。

　なぜなら、他人の特許権を回避して新商品を開発するのは、現状の日本の特許出願状況（件数）を考慮すると、かなり難しいと思うからです。

　では、以下、具体的にライセンスの内容について説明します。ライセンスとは、特許権者が、権利範囲（特許請求の範囲）の発明について、他人に「実施」させることができる権利のことです。また、このライセンスには、以下の種類があります。

① 専用実施権（特許法77条）

　ライセンスされた側が独占排他的に実施できる権利です。特許庁に登録することが必要です。この実施権が設定された場合、特許権者であっても特許発明を自由に実施することができません。

② 仮専用実施権（特許法34条の２）

　特許出願中のものにも専用実施権を設定できるように認められた権利です。特許庁に登録することが必要です。出願中のものが特許権になった時点で、専用実施権として取り扱われます。

③ 通常実施権（特許法78条）

　ライセンスされた側が単に実施できる権利です。特許庁への登録は不要であり、契約だけで発生します。この実施権が設定されても、特許権者は実施できますし、他の人にもライセンスすることができます。さらに、契約によって自由に実施範囲等を決めることもできます。

④ 仮通常実施権（特許法34条の３）

　　特許出願中のものにも通常実施権を設定できるように認められた権利です。これも、出願中のものが特許権になった時点で通常実施権として扱われます。

　これらの中で一般によく知られているのは、通常実施権です。これも、１人（１社）だけにライセンスを許諾することができる「独占的通常実施権」や、複数人（複数社）にもライセンスを許諾できる「非独占的通常実施権」に分かれます。

　以上が、特許権者の意思によって発生するライセンスですが、以下のように特許権者の意思によらずに、勝手に発生するライセンス（法定実施権）もあります。

⑤ 先使用に基づく通常実施権（特許法79条）

　　出願前に既に他人が実施、又は実施の準備をしていた場合、特許権発生後に、その他人に認められる無償の通常実施権です。これを「先使用権」と言い、特許権侵害訴訟等の際に、侵害者側が抗弁として使うことが多い実施権です。

⑥ 職務発明に基づく通常実施権（特許法35条１項）

　　従業員等の職務発明について勝手に従業員が特許権を取得した場合に会社に認められる無償の通常実施権です。これは法律には規定されているものの、これが発生したという話を聞いたことはありません。

　なお、その他にも、中用権（特許法80条）、後用権（特許法176条）がありますが、これらの実施権もあまり発生しないので、気にしなくてもよいと思います。

　これらの権利が、特許権者の意思によらずに発生する法定の通常実施権であって、特許権者は、これらの権利を持っている人に対して権利行使することができません。

　さらに、特許庁長官への届出や経済産業大臣の裁定で発生する裁定実施権（特許法83条、92条、93条）というものもありますが、この裁定実施権もほぼ実務では使いません。

（5）特許権の「処分（譲渡、放棄）」

　特許権も財産権なので、特許権者は特許権を自由に他人に「譲渡」したり、「放棄」したりすることができます。特許権を「譲渡」する場合は、譲渡の対価が発生しますが、この「対価の額」は当事者の合意で決めます。

　しかし、この対価の額は算定が難しく、この対価の額で争いが生じることが多々あります。これは、特許権の価値が人それぞれで異なるからです。

　例えば、ある企業 A 社からみれば実施している技術 X に関する特許 a は、魅力的なものかもしれませんが、他の企業 B からみると、技術 X は実施する予定もないことから、その特許 a に価値を見いだすことができません。こうしたことから、客観的に妥当な金額（対価）を算定することは、容易ではないのです。

　実務上では、算定が難しいので、最低額として「出願手続きにかかった費用」が特許権の対価として認められることが多いと理解しておけばよいと思います。

　また、特許権の「放棄」も特許権者の意思によって、特許庁に所定の申請書を提出することで「放棄」することができます。もっとも、権利期間満了まで維持する必要がないと思った場合には、通常、実務では、特許料（維持年金）の納付をせずに権利を失効させることで権利を消滅させることが多いです。

　一方、この「放棄」も制限させることがあります。それは、その特許権に専用実施権や質権が設定されていたり、通常実施権を許諾していたりする場合等に、特許権者の意思で自由に放棄されると、これらの権利を有する人が害されるからです。したがって、これらの場合には、各権利者の承諾が必要となっています。

７．特許公報の読み方

（1）特許公報の種類

　現在、特許庁が発行する特許公報には、以下の４種類があります。

① 公開特許公報

　原則として、出願日から１年半後に全ての出願において発行される公報です。

② 特許公報［特許登録公報］

　登録査定後に特許料を納付して登録後に発行される公報であり、特許権として成立したものだけが発行されます。

③ 公表特許公報

　外国語で国際特許出願（PCT 出願）されたものが、日本語翻訳文を添付して日本に移行して日本国特許庁に係属（審査対象になっている状態）した際に発行される公報であり、公開特許公報と同じ位置づけです。

④ 再公表特許

　日本語で国際特許出願（PCT 出願）されたものが、日本に移行して、日本国特許庁に係属した際に発行されるもので、これも公開特許公報と同じ位置づけのものです。「再」と付いているのは、国際段階で、最初に日本語で国際公開されているからです。なお、この再公表特許は法律的には行政サービスとして発行されているものなので「公報」とは言えません。

（２）特許公報の構成

実際の特許公報を参考に、その構成について説明します。

　（ア）公報名：この公報がどの種別の公報なのかを表している

　（イ）登録番号：登録された順番に付与される番号が記載される

　（ウ）登録日：特許が登録された日であり、この日から特許権が有効になる

　（エ）国際特許分類：国際的に定められた技術分類が記載される

　（オ）出願日：特許が出願された日であり、この日が新規性等の基準日となる

　（カ）特許権者：この特許の権利者が記載される

　（キ）発明の名称：この特許の発明の名称が記載される

　（ク）特許請求の範囲：この特許権の権利範囲であり、請求項ごとに各発明の内容が記載される

(ア) (19)日本国特許庁(JP) → (12)特 許 公 報(B2) (11)特許番号

(イ) 特許第6281551号 (P6281551)

(45)発行日 平成30年2月21日(2018.2.21) (24)登録日 平成30年2月2日(2018.2.2)

(51)Int.Cl. F I

(エ)
FO2F	3/14	(2006.01)	FO2F	3/14	
FO2F	3/10	(2006.01)	FO2F	3/10	B
FO2B	23/10	(2006.01)	FO2B	23/10	310G
F16J	1/01	(2006.01)	F16J	1/01	
F16J	1/02	(2006.01)	F16J	1/02	

請求項の数 5 （全 9 頁）

(オ)
(21)出願番号 特願2015-194263 (P2015-194263)
(22)出願日 平成27年9月30日(2015.9.30)
(65)公開番号 特開2017-66995 (P2017-66995A)
(43)公開日 平成29年4月6日(2017.4.6)
審査請求日 平成29年3月23日(2017.3.23)

(73)特許権者 000003137
マツダ株式会社
広島県安芸郡府中町新地3番1号
(74)代理人 110001427
特許業務法人前田特許事務所
(72)発明者 猪飼 孝至
広島県安芸郡府中町新地3番1号 マツダ
株式会社内
(72)発明者 青木 理
広島県安芸郡府中町新地3番1号 マツダ
株式会社内
(72)発明者 市川 和男
広島県安芸郡府中町新地3番1号 マツダ
株式会社内

(カ) 最終頁に続く

(54)【発明の名称】エンジン燃焼室の断熱構造 (キ)

(57)【特許請求の範囲】 (ク)
【請求項1】
　エンジンの燃焼室を区画するピストン本体の頂面に断熱層が設けられたエンジン燃焼室の断熱構造であって、
　上記ピストン本体の頂面は、上記燃焼室のキャビティを形成するキャビティ面と、上記燃焼室のスキッシュエリアを形成するスキッシュエリア面とを備えており、
　上記スキッシュエリア面に設けられた断熱層の厚さは、上記キャビティ面に設けられた断熱層の厚さの５％以上５０％以下であり、
　上記スキッシュエリア面は、上記燃焼室外縁側方向の端部である外縁側端部と、上記燃焼室内側方向の端部である内縁側端部と、を有しており、
　上記スキッシュエリア面に設けられた断熱層の厚さは、上記スキッシュエリア面における上記燃焼室外縁側の上記外縁側端部に向かうにつれて漸次薄くなっている
ことを特徴とするエンジン燃焼室の断熱構造。
【請求項2】
　請求項1において、
　上記断熱層は、
　多数の中空粒子と、
　上記中空粒子を上記ピストン本体の頂面に保持するとともに、上記中空粒子間を埋めて
上記断熱層の母材を形成するバインダとを含む
ことを特徴とするエンジン燃焼室の断熱構造。

10

20

（ケ）発明の詳細な説明：この記載以下に、特許明細書の内容が記載される

（コ）背景技術：この発明の前提となる従来技術等が記載される

（サ）先行技術文献：通常、公知の特許公報等がここに記載される

（シ）発明が解決しようとする課題：発明のポイントとなる課題が記載される

ことを特徴とするエンジン燃焼室の断熱構造。

【発明の詳細な説明】◀ ━━━━━━━━━━━━━━━━━━━━

【技術分野】　　　　　　　　　　　　　　　　　　　（ケ）

【0001】

　本発明は、エンジン燃焼室の断熱構造に関するものである。

【背景技術】◀ ━━━━━━━━━━━━━━━━━━━━━━

　　　　　　　　　　　　　　　　　　　　　　　　　（コ）

【0002】

　従来、エンジン部品のような高温ガスに晒される金属製品では、高温ガスからの熱伝達、すなわち冷却損失を抑制するために、その金属製母材の表面に断熱層を形成することが行われている。その一例として、エンジンの燃焼室を区画するピストン本体の頂面に、ジルコニア等の無機酸化物や、中空粒子を含有する有機系材料からなる断熱層を形成することが知られている。

【0003】

　ところで、燃焼室を区画するピストン本体の頂面とシリンダヘッドの下面との間隙部にスキッシュエリアが形成されることがある。このようなピストン本体の頂面のうち、スキッシュエリアを形成する面（スキッシュエリア面）に断熱層が設けられている場合、当該断熱層の温度は高温となり、延いてはスキッシュエリア面自体が高温となる。このため、　　30　燃焼工程において、スキッシュエリアに高温高圧のエンドガス（点火プラグから遠い場所にある未燃焼の混合気）が流れ込んだ際に、高温のスキッシュエリア面により、エンドガスからスキッシュエリア面への放熱が妨げられて、ノッキングが発生し得る。そして、スキッシュエリア面に形成された断熱層にクラックが生じ、断熱層の損傷・剥離が引き起こされ、断熱性能が失われる。

【0004】

　そこで、ピストン本体の頂面のうち、スキッシュエリア面上には断熱層を形成せず、それ以外の部分にのみ断熱層を形成した内燃機関が記載されている（例えば、特許文献1参照）。

【0005】　　　　　　　　　　　　　　　　　　　　　　　40

　特許文献1の内燃機関によれば、スキッシュエリア面上には断熱層を形成していないので、エンドガスからのスキッシュエリア面への放熱が促進され、ノッキングの発生が抑制される。

【先行技術文献】◀ ━━━━━━━━━━━━━━━━━━

【特許文献】

【0006】　　　　　　　　　　　　　　　　　　　　　（サ）

【特許文献1】特開2011－169232号公報

【発明の概要】

【発明が解決しようとする課題】◀ ━━━━━━━━━━

【0007】　　　　　　　　　　　　　　　　　　　　　（シ）

　しかしながら、特許文献1の構成では、スキッシュエリアにおけるノッキング発生を抑制できるものの、冷却損失の低減という観点からは、スキッシュエリア面も含めたピストン本体の頂面全体に断熱層を形成することが望ましい。

（ス）課題を解決するための手段：課題を解決する構成要素が記載される。ここ
　　　は特許請求の範囲の記載とほぼ同じような内容になる

（セ）発明の効果：通常、請求項1の効果が記載される

（ソ）図面の簡単な説明：図の番号と図の内容の説明が記載される

　しかしながら、特許文献1の構成では、スキッシュエリアにおけるノッキング発生を抑
制できるものの、冷却損失の低減という観点からは、スキッシュエリア面も含めたピスト
ン本体の頂面全体に断熱層を形成することが望ましい。
【0008】
　そこで、本発明では、スキッシュエリア面に断熱層を形成しつつ、ノッキングの発生に
よって当該断熱層に大きなクラックが生じるのを防止し、断熱層の損傷・剥離を抑えるこ
とを目的とする。
【課題を解決するための手段】　◀━━━━━━━━━━━━━━ **（ス）**
【0009】
　上記の目的を達成するために、本発明では、ピストン本体の頂面におけるスキッシュエ　　10
リア面の断熱層をキャビティ面の断熱層よりも薄くするようにした。
【0010】
　すなわち、ここに開示するエンジン燃焼室の断熱構造は、エンジンの燃焼室を区画する
ピストン本体の頂面に断熱層が設けられたものであって、上記ピストン本体の頂面は、上
記燃焼室のキャビティを形成するキャビティ面と、上記燃焼室のスキッシュエリアを形成
するスキッシュエリア面とを備えており、上記スキッシュエリア面に設けられた断熱層の
厚さは、上記キャビティ面に設けられた断熱層の厚さの5％以上50％以下であり、上記
スキッシュエリア面は、上記燃焼室外縁側方向の端部である外縁側端部と、上記燃焼室内
側方向の端部である内縁側端部と、を有しており、上記スキッシュエリア面に設けられた
断熱層の厚さは、上記スキッシュエリア面における上記燃焼室外縁側の上記外縁側端部に　　20
向かうにつれて漸次薄くなっていることを特徴とする。

　好ましい態様では、上記キャビティ面に設けられた断熱層の厚さは、60μm以上10
0μm以下であり、上記スキッシュエリア面に設けられた断熱層の厚さは、30μm以上
50μm以下である。これにより、ピストン本体の頂面全体で優れた断熱性能を得つつ、
断熱層の損傷・剥離を効果的に抑えることができる。
【発明の効果】　◀━━━━━━━━━━━━━━ **（セ）**
【0019】
　以上述べたように、本発明によると、ピストン本体の頂面全体で優れた断熱性能を得つ
つ、スキッシュエリア面の断熱層に発生するクラックの成長を抑制し、当該断熱層の損傷
・剥離を抑えることができる。
【図面の簡単な説明】　◀━━━━━━━━━━━━━━ **（ソ）**
【0020】
【図1】図1は、本発明の一実施形態に係るエンジンを模式的に示す断面図である。
【図2】図2は、図1の実施形態に係るピストンの冠面を示す平面図である。
【図3】図3は、図2のピストンの縦断面図である。
【図4】図4は、図3の断熱層の拡大断面図である。
【図5】図5は、本発明の他の実施形態に係るピストン本体の頂面のスキッシュエリア面
に設けられた断熱層を示す拡大断面図である。

（タ）　発明を実施するための形態：発明を実施した具体的な発明品や発明方法の
　　　内容が記載される

（チ）　図面：実施するための形態を分かりやすく説明するために記載される

【発明を実施するための形態】◀━━━━━━━━━━━━　**（タ）**
【００２１】
　　以下、本発明の実施形態を図面に基づいて詳細に説明する。以下の好ましい実施形態の　　20
説明は、本質的に例示に過ぎず、本発明、その適用物或いはその用途を制限することを意
図するものでは全くない。
【００２２】
　　＜エンジンの構成＞
　　図１に示す直噴エンジンＥは、ピストン１、シリンダブロック２、シリンダヘッド３、
シリンダヘッド３の吸気ポート５を開閉する吸気バルブ４、排気ポート７を開閉する排気
バルブ６、インジェクタ８、点火プラグ９を備える。ピストン１がシリンダブロック２の
シリンダボア内を往復動する。
【００２３】
　　エンジンの燃焼室は、ピストン１の冠面１０、シリンダブロック２、シリンダヘッド３　　30
、吸排気バルブ４，６の傘部前面（燃焼室に臨む面）で形成される。図１、図２に示すよ
うに、ピストン１の冠面１０の略中央部には、燃焼室のキャビティを形成する凹陥状のキ
ャビティ部１１が設けられている。また、冠面１０の外縁側には、燃焼室のキャビティか
ら離れた外縁側にスキッシュエリアを形成するスキッシュエリア部１２が存在する。本実
施形態に係るピストン１の冠面１０において、スキッシュエリア部１２はスキッシュエリ
ア部１２ａ，１２ｂ，１２ｃ，１２ｄからなっている。
【００２４】
　　＜断熱層＞
　　図３に示すように、ピストン１は、該ピストン１の基材であるピストン本体１９と、エ
ンジンＥの燃焼室の冷却損失低減の観点からピストン本体１９の頂面に設けられた断熱層　　40
２１とを備えている。

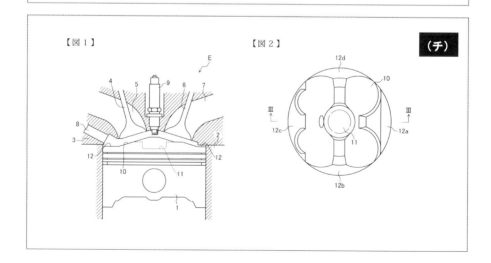

【図１】　　　　　　　　　　　【図２】　　　　　　　　　　**（チ）**

（3）特許公報を読む順番

　特許公報は、初心者から見ると難解な漢字が多く、文章表現も分かりにくいことから、読むのが「苦手」と思われている方が多いと思います。特に、学生時代から本を読むのが苦手と感じている理系出身者であれば、なおさらだと思います。私自身も知財担当者になった当初は、かなり苦痛でした。

　そこで私が、特許公報を読む際に工夫したのは、特許公報を読む順番です。現在、以下のような順番で特許公報を読んでいます。

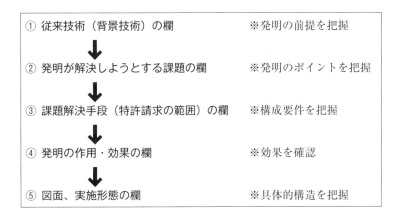

　ポイントは、「特許請求の範囲」を後で読む、ということです。

　後述するように、特許請求の範囲は、普通の日本語ではありません。このため、いきなりこの部分を読んでも意味が分からず苦痛だと思います。できるだけ、特許請求の範囲を後で読むようにすることで、特許公報が読みやすくなると思います。

　まず、「① 従来技術（背景技術）の欄」を読みます。この部分は発明の前提部分が記載されているので、発明に関する技術分野を知らない場合でも、この部分を読むことで、発明のポイントを把握しやすくなります。

　なお、ここで公知技術として特許文献（特許公報）が挙がっていると思いますが、この部分をより理解するために、この特許文献（特許公報）をさかのぼって読んでも構いません。

　次に、「② 発明が解決しようする課題の欄」を読みます。ここには、この発明が
どのような課題を解決しようとしているのかが記載してあります。このため、この
部分を読むことで、発明のポイントが、ある程度把握できると思います。

　なお、この課題の記載については、法律上明確にされていないため、多く書いて
いるもの、または、ほとんど書いていないもの等、いろいろありますが、ここでは、
できるだけ何をメインに解決しようとするものなのかを把握するようにしてくださ
い。何がメインの課題なのかを把握することが、最終的に特許請求の範囲のポイン
トとなる構成要件（発明のポイント）を把握するために必要だからです。

　その次に、「③ 課題を解決するための手段の欄」を読みます。ここは、特許請求
の範囲と同じような記載がされることが多いので、この部分を読めば、結果的に特
許請求の範囲を読むのと同じことになります。そこで、発明を構成する要素、すな
わち「構成要件」を把握することができます。この「構成要件」というのは、詳し
くは、次ページの「（4）特許請求の範囲の読み方」のところで説明しますが、発明
を把握する上で重要なポイントになります。

　なお、この③の欄は、どうしても抽象的な記載になるため分かりにくい。そこで
その場合には、図面から符号を追いかけて、発明のイメージを自分なりにつかんで
もいいと思います。もっとも、この図面の記載に引っ張られて、発明の範囲を狭く
解釈してはいけません。あくまで、発明のイメージをつかむだけにしてください。

　その後に、「④ 発明の作用・効果の欄」を読みます。ここで、発明の効果を把握
します。効果は課題の裏返しであることが多いので、さほど重要ではありませんが、
本来、請求項ごとに効果は異なるため、ここに記載されている各作用効果が、どの
請求項に対応するのかを十分に理解しながら読み込むと、発明の把握がより的確に
なると思います。

　最後に、「⑤ 図面、発明を実施するための形態」を読みます。ここで、発明を使っ
た具体的な構造（発明品、発明方法）を把握します。もっとも、時間がない場合や、
具体構造を把握する必要がない場合には、読まなくてもよいと思います。私も発明
を把握するだけのときは読みません。

　もちろん、競合企業の製品や方法の具体的な内容を知りたい場合は、読むべきです。特許公報の情報を把握するのは、知財担当者の役割であるため、この部分はしっかりと行っておきましょう。

（４）特許請求の範囲の読み方

① 特許請求の範囲とは

　特許請求の範囲について、条文では、特許法70条1項で「特許発明の技術的範囲は、願書に添付した特許請求の範囲の記載に基づいて定めなければならない」と規定されています。

　よって、特許請求の範囲＝特許発明の技術的範囲であり、特許請求の範囲に記載された内容こそが、「特許権の権利範囲」であるということができます。

　とすれば、この特許請求の範囲に「何を、どのように書くのか」が、重要になることが分かると思います。

　ここで、特許要件のところで説明した、「発明＝技術的思想であって抽象的な概念」である、という説明を思い出してください。この抽象的な概念というのは、具体的な構造を上位概念化したものであり、複数の具体構造〈実施例〉を包括できるものです。よって、この複数の具体構造を包括できる、抽象化した構成要素（構成要件）が「発明」であって、こうした内容を記載するところが「特許請求の範囲」なのです。

② 特許請求の範囲は「法律の条文」

　特許公報の読み方のところで、「特許請求の範囲」に記載されているものは、普通の日本語ではないと言いました。では、何でしょうか？

　私は、特許請求の範囲に記載されているものは、「法律の条文」と同じようなものだと考えています。なぜなら、特許請求の範囲に求められる法的な性格が、法律の条文と同じだからです。法律の条文には、a．一定の規範（規制）機能が求められます。また、b．明確性やc．厳格性も要求されます。

　法学部出身者でなく基礎法学を学んでいない方には、聞き慣れないことだと思うので、それぞれについて簡単に説明します。

　まず、**a.　規範（規制）機能**とは、ある行為（構造）を実施してはいけないと指し示す機能のことです。刑法の条文に該当する行為をした場合には、刑罰が与えられますが、特許請求の範囲の発明に該当する行為（構造）を実施した場合も、同様に特許権侵害となり、差止め等の対象になります。
　こうした点において、法律の条文と特許請求の範囲とは共通します。

　また、**b.　明確性**とは、刑罰を与えられる規範であれば、第三者からみて、どのような行為が罰せられるのかが明確でないと自由な活動が制限されてしまうため、法律は明確であることが要求されます。特許法でも、36条6項2号で、特許請求の範囲の記載では「発明が明確であること」が求められており、このことから、法律の条文と特許請求の範囲とは共通します。

　最後に、**c.　厳格性**とは、法律の条文の解釈は厳格に行うべきとするもので、裁判では問題となる行為が条文の要件を満たすか否かが厳格に判断されます。特許請求の範囲においても、侵害判断する場合には、発明の構成要件を満たすか否かが厳格に判断されます。こうした解釈の点においても、法律の条文と特許請求の範囲とは共通します。

③　法的三段論法

　特許請求の範囲を法律の条文として考えるのなら、**特許請求の範囲も「法的三段論法」を使って判断**していく必要があります。次ページの図に示すように、「大前提」に「小前提」を当てはめて「結論」を導くという考え方で、具体的には、「規範要件（条文）」に「具体的な事実」を当てはめて「効果」を導き出すというものです。

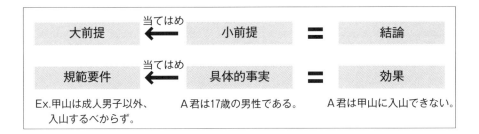

例えば、「甲山は、成人男子以外、入山するべからず」という規範（ルール）があるとします。これに対して、A君が甲山に入山できるかどうかが問題になるとすると、A君は「男子」という要件は満たしますが、「17歳」であるため「成人」という要件を満たしません。よって、「A君は甲山に入山できない」という効果が導かれるのです。

④ 実際の条文での「法的三段論法」

この「法的三段論法」について、実際の条文で、どのように判断していくのかを見てみましょう。

不法行為に基づく損害賠償の規定として「故意又は過失によって他人の権利又は法律上保護される利益を侵害した者は、これによって生じた損害を賠償する責任を負う」（民法709条）という条文があります。

この条文を当てはめやすいように要件・効果に分節すると、下記のように分けられます。

【要件】

（ア）「故意又は過失によって」

（イ）「他人の権利又は法律上保護される利益を侵害」

（ウ）「これによって」

（エ）「生じた損害」

【効果】

　「賠償する責任を負う」

　このように分節して、問題となる「具体的な事実（事案)」について当てはめを行います。

　具体的には、上記（ア）〜（エ）の全ての要件を満たさないと効果を主張できないので、（ア）〜（エ）の要件を1つずつ満たすか否かを検討します。

　例えば、無意識に他人を傷つけた場合、（イ）〜（エ）は満たしますが、（ア）の「故意又は過失」があるか否かが問題となります。

　また、ある企業が公害を発生させて、直接は被害を受けていないのに、風評被害によって農家が生産する野菜が売れなくなった場合には、（ア）、（イ）、（エ）は満たしますが、（ウ）の「これによって」という因果関係の要件を満たすかどうかが問題になります。

　裁判においては、このように法律の条文の要件を満たすか否かについて検討することで、効果が認められるかどうかを争っているのです。

⑤ 特許請求の範囲の「法的三段論法」

　特許請求の範囲では、下図のように考えていきます。

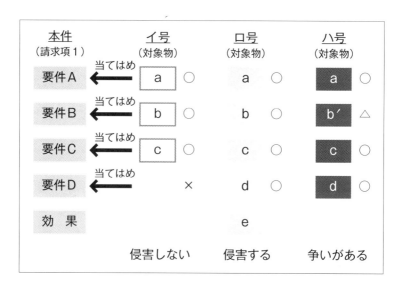

まず、本件の「特許請求の範囲」の「請求項」を「要件ごと」に分節します。例えば、請求項1を「要件A」「要件B」「要件C」「要件D」に分節します。

その上で、対象物である、イ号、ロ号、ハ号について当てはめを行い、侵害するかどうかを判断していくのです。

このように、特許請求の範囲の請求項を分節して当てはめを行い、侵害判断する点が法的三段論法と同じです。

イ号について検討すると、イ号は、a、b、cの要素を持っていますが、要件Dに当てはめる要素を持っていません。この場合は、全ての要件を満たさないため、本件の請求項1を充足しません。よって、イ号は本件特許権を侵害しないことになります。

ロ号については、a、b、c、dの要素を持ち、さらにeの要素を持っています。全て同じではないので、違うように思うかもしれませんが、要件を全て満たしている点は違いがないので、本件の請求項1を充足することになり、ロ号は本件特許権を侵害することになります。

ハ号については、a、c、dの要素は持っていますが、b′の要素が、要件Bを満たすかどうか分かりません。この場合には、本件の請求項1を充足するか否かが分からないため、結局、ハ号は本件特許権の侵害について争いがあるということになります。

次ページ以降は、これらのことについて、具体例を挙げて説明します。

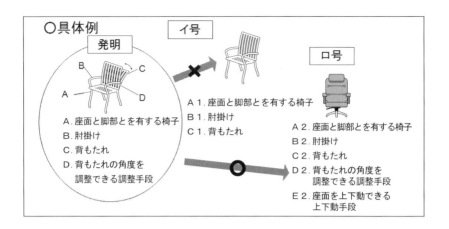

　例えば、本件発明のような「背もたれの角度を調整できる椅子」があったとして、この特許の特許請求の範囲には、「座面と脚部とを有する椅子であって、肘掛けと、背もたれと、背もたれの角度を調整できる調整手段を備えた椅子」という請求項が記載されていたとします。

　この場合、構成要件に分節すると、「A．座面と脚部とを有する椅子」「B．肘掛け」「C．背もたれ」「D．背もたれの角度を調整できる調整手段を備えた椅子」とに分けることができます。

　まず、イ号について検討してみましょう。イ号の椅子は、「A１．座面と脚部とを有する椅子」です。また、「B１．肘掛け」もあります。さらに、「C１．背もたれ」もあります。しかし、このC１．背もたれは、角度が調整できません。よって、イ号はDに相当する要件を有していないため、本件発明は「侵害しない」ということになります。

　次に、ロ号について検討してみます。

　ロ号の椅子は、「A２．座面と脚部とを有する椅子」です。また、「B２．肘掛け」や「C２．背もたれ」もあります。加えて、「D２．背もたれの角度を調整できる調整手段」もあります。

　よって、ロ号は本件発明の構成要件を全て有することになり、本件発明を「侵害する」ということになります。ここで、このロ号ではさらに、「Ｅ２．座面を上下動できる上下動手段」も有しているため、本件発明とは相違して、本件発明を侵害していないとの反論がありそうです。

　しかし、このロ号は、本件発明を基本発明として「利用」しているのであり、新たな要件を有していたとしても、本件発明を侵害するのです。

　これは、発明が「技術的思想の創作」であることから起こり得ることです。権利範囲が広い、狭いというのは、言い換えると、発明が基本発明か、利用（改良）発明かの違いであり、構成要件が少ないか多いかの違いであるということになります。

　なお、前ページの図から分かるように、実施例の椅子は、外観では本件発明に似ているのはイ号の椅子で、ロ号の椅子は全く似ていません。でも、本件発明を侵害するのは、ロ号の椅子で、イ号の椅子は侵害しないのです。

　ここで、「発明品」と「発明」とが違うということが理解できると思います。「発明」を実施形態や図面で判断してはいけません。

　この「特許請求の範囲の読み方」は、特許を扱う知財担当者として、一番重要な知識・技能です。しっかり理解して身に付けるようにしてください。

8. 特許調査

（1）特許調査とは

　特許調査とは、文字通り、膨大な特許公報等の特許情報の中から、特定の特許公報等を検索・抽出（調査）して、特定の目的のためにまとめることです。

　1999年以前は、多くの特許公報をまとめた電話帳のような冊子を、何十冊、何百冊も手でめくって、特定の特許公報等を抽出していました。

　しかし、今は特許情報のデータベースが充実し、インターネット環境も格段に高まっているため、インターネットが使える環境であれば、いつでも、どこでも特許調査がパソコン１台でできるようになっています。

　現在、日本には有料のデータベースもありますが、特許庁の外郭団体である独立行政法人工業所有権情報・研修館（INPIT）が、J-PlatPat（特許情報プラットフォーム）という無料のデータベースを運営しており、内容も非常に充実しているため、この「J-PlatPat」を使って特許調査を行えば、ほぼ十分だと思います。

（2）特許調査の種類

　下表のとおり、特許調査は、目的によっていくつかの種類に分かれます。

	概要（調査の対象）	特記事項
先行技術調査	関連する先行技術を調べる（**明細書等の全体**）	最新のものを捕捉する必要がある
抵触特許調査	侵害懸案となり得る特許を調べる（**特許請求の範囲**）	権利期間内（20年）のものを捕捉する必要がある
無効資料調査	侵害懸案の特許を無効にする資料を調べる（**明細書等の全体**）	懸案特許より古いものを捕捉する必要がある
技術動向調査	他社などの技術動向を調べる（**発明を実施するための形態**）	古いものから最新のものまで補足する必要がある

① 先行技術調査（出願前調査）

　これは、新しく出願したい発明（ネタ）が生まれたとき、どのような技術が既に知られているかを調べる調査です。特許要件のうち、新規性と進歩性を判断する際の基準となる「先行技術」を調べる調査であり、一般の方が「特許調査」と言ったときに思い浮かべるのがこの調査だと思います。

　本来、先行技術調査は**発明の新規性等を判断する**調査なので、世の中に知られている全ての技術資料を調べる必要があります。しかし、全ての技術資料を調査するのは現実的に不可能なので、便宜上、技術情報の宝庫である特許情報のデータベースを調査の対象にしているにすぎないのです。

そして、ここで勘違いしてはいけないのが、同じ発明が「出願又は権利化されているか」を調べるのではなく、あくまで、**同じ発明が「世の中に知られているか」を調べている**だけだということです。

このため、この調査では特許請求の範囲を読む必要はなく、明細書等全体の記載内容を確認すれば足ります。これは、先行する特許公報を、単なる「技術文献」として捉えているためです。よって、似ている技術の特許公報が見つかったとしても、その権利状況を調べる必要はありません

そして、この先行技術調査の対象範囲は、過去に知られたものを確認するものであるため、過去から最新のものまでを捕捉する必要があります。

② 抵触特許調査

これは、自社が販売等しようとする商品等が、他人の特許権等を侵害していないかどうかを確認するために行う調査です。すなわち、**懸案となり得る特許を発見する調査**です。

この抵触特許調査では、他人の特許権等を侵害しないかどうかを調査するものであるため、当然、**「特許請求の範囲」を対象に**調査します。仮に、明細書の実施形態に全く同じ構造が記載されていたとしても、特許請求の範囲に記載されていなければ、その特許権を侵害することはありません。

この抵触特許調査は、対象案件を漏らすと致命的なので、検索キーワードの設定や、公報の読み込みを慎重に行って、対象案件を絞り込む必要があります。

また、この抵触特許調査では、出願公開段階の案件についても、対象になります。出願公開段階の案件を検討する場合には、どのような権利範囲で権利化されるかを推測して、権利侵害の可能性を判断するという高度な判断能力が求められます。こうしたことから、この調査を行うにはかなりの知識と経験が必要です。そして、調査の対象は特許権の権利期間が20年（一部25年の場合があり）なので、商品等の販売日（実施する日）からさかのぼって20年（一部25年）前のものまで捕捉します。

③ 無効資料調査

　これは、抵触特許調査等によって、懸案特許（侵害の懸念がある特許）が発見された場合、その懸案特許を無効にするための資料を発見する調査です。具体的には、その懸案特許の新規性や進歩性を否定するような資料（無効資料）を発見する調査です。

　この調査は、一度、特許庁の審査を経た特許を、無効にする資料を発見する調査なので、「広大な砂漠の中で1粒のダイヤモンドを探すような」大変な作業です。思うような無効資料を発見できないかもしれません。

　しかし、この無効資料調査は、懸案特許が本当に有効な特許か否かを明らかにするために行う調査なので、ライセンス導入や設計変更等、次のステップに進むためには、避けて通れない重要な調査です。

　そして、調査の対象は、懸案特許を無効にする資料を探す調査なので、**懸案特許の出願日よりも古いもの**を捕捉します。

④ 技術動向調査

　これは、**ある特定の技術テーマや競合他社の技術動向を調べるための調査**です。いわゆる「パテントマップ」の作成などがこの技術動向調査に含まれます。

　特許等で出願された技術内容は、商品化されないものもありますが、多くのものが企業等が大事だと思った技術内容について出願されたもので、世の中の技術動向を、ある程度示すものだと思います。

　そこで、特許公報に記載された技術内容を、単純に技術情報としてまとめて、ある特定の技術動向を調査するのです。

　この技術動向調査では、権利範囲は全く関係ありません。**技術内容が大事なので、実施形態を中心に内容を確認する**ことになります。

　そして、調査の対象は、その特定の技術の基本発明がいつ発明されたかによって調査始点は変わりますが、最新のものまで捕捉するという点は、いずれの技術でも変わりません。

　以上、それぞれの調査について説明しましたが、いずれの調査も、知財担当者としては大事なものであり、ご自身で行える力を身に付ける必要があります。

9. 発明発掘

　発明発掘とは、文字通り、企業内の埋もれている発明を見いだして権利化する活動のことです。ただし、ここでは総論の「2. 事業と知財の関係」のところでも述べたように、狭く解釈するのではなく、広く解釈すべきです。

　よって、この発明発掘には開発者（発明者）側から発明が**提案される場合**と、知財担当者側から働き掛けて発明を**見いだす場合**とがあります。それぞれについて、簡単に説明します。

（1）開発者側から発明が提案される場合

　これは、開発者等が、**自身が開発している技術が「発明」であると思い、開発している技術などを知財担当者に提案する場合**です。

　ある程度の件数を出願している企業であれば、通常、「発明提案書」（又は発明届出書等）というフォーマットを準備しておき、その「発明提案書」を使って開発者等が発明内容を記載し、発明を提案します。

　こうした「発明提案書」があることによって開発者等が発明を提案しやすい環境が作られます。いわゆる、改善提案活動において「改善提案シート」があるように、企業内で発明が出やすい環境を整えて、企業内の発明発掘活動を促進することも知財担当者の役割です。

　もし、自社に「発明提案書」というものがないのであれば、この機会にご自身で準備されてもよいかもしれません。

（2）知財担当者側から働き掛けて発明を見いだす場合

　これは、知財担当者が、積極的に開発部門の中に入り込んで**開発している技術から、特許として出願できそうなネタ（発明）を見いだす場合**です。

　これは、知財担当者と開発者等がしっかりと情報を共有し合い、競合企業の技術情報（特許情報等も含む）と自社の開発内容を照らし合わせて、自社の開発内容からどういった技術を出願していくかを考えて、ネタを見いだしていきます。

　このとき大事なのは、知財担当者のフットワークです。とにかく、開発者等と情報交換を頻繁かつ密に行い、自社の開発状況等をしっかりと認識して、自社のオリジナリティある技術等を見つける努力をしてください。

　なお、知財担当者の中にはまれに、「ウチ（自社）は、なかなか出願できるネタが出ないんですよ」とおっしゃる方がいますが、その内実を伺うと、こうした**知財担当者側から働き掛けて発明を見いだす**という作業をされていないようです。

　出願できるネタは、開発部門等に行けばいくらでも転がっています。企業では、日々、商品開発を行っており、次々と新商品や新技術を生み出しているからです。実際には、出願できるネタがないのではなくて、知財担当者であるあなた自身が気付いていないだけなのかもしれません。

Ⅲ　意　匠

1．意匠制度に関する事例

　意匠制度において、商品開発を行っていく際に生じる可能性のある事例を4つ示します。

　なぜ、このようなことになったのでしょう。こうした問題を避けるためにどのようにすればよかったのでしょうか？　考えてみてください。

［事例1］
- Aさんは、2年前発売の甲社商品を参考にした商品を開発しました。
- Aさんは、意匠調査をしましたが該当する意匠がなかったので問題ないと思い販売を行いました。

　　　　　↓
- しかしその後、甲社から意匠権侵害であるとして警告書が届きました。なぜでしょうか？

［事例2］
- Bさんは、競合メーカー乙社の構造によく似た構造で商品化を図りました。
- Bさんは、意匠調査をして該当する意匠権を発見しましたが、その公報の意匠とは同じではないので問題がないと思い販売を行いました。

　　　　　↓
- しかしその後、乙社から意匠権侵害であるとして警告書が届きました。なぜでしょうか？

[事例3]

➤ Cさんは、ユニークな意匠を考えて、「登山用具」で商品化を図り、意匠権を取得しました。

➤ この後、Cさんの**意匠をマネした丙社商品がキーホルダーとして販売**されました。

↓

➤ そこでCさんは、丙社商品を差し止めたいと思い弁理士に相談しましたが、意匠権侵害ではないので、差し止められないと言われました。なぜでしょうか？

[事例4]

➤ Dさんは、独創的なデザインの学習机の商品化を図り、商品を販売しました。

➤ 意匠調査を行うと、**本棚のない机の意匠権を発見しました**が、問題はないと思い販売を継続しました。

↓

➤ しかしその後、本棚のない机の意匠権を持った権利者から、意匠権侵害であるとして警告書が届きました。なぜでしょうか？

◆ 解 答 例 ◆

［事例１］

　意匠には、公開制度（特許法64条参照）がなく、また新規性喪失の例外規定（意匠法４条）も多く用いられるので、遅れて権利化されることがあります（特許とは違う）。よって、意匠調査を継続しておくべきでした。

［事例２］

　意匠権は同一だけでなく「類似」範囲まで権利が及びます（意匠法23条）（特許とは違う）。このため、侵害判断は、慎重に行うべきでした。

［事例３］

　意匠権は、「物品」と「形態」とで、類似範囲が検討されます。この場合、「登山用具」と「キーホルダー」では物品が非類似なので、権利侵害にはなりません。

［事例４］

　意匠権の権利範囲は、類似範囲にまで及ぶのが原則ですが（意匠法23条）、利用関係（意匠法26条）の意匠についても、権利行使される場合があります。そこで、この点を注意しておくべきでした。

　なお、この事例は、判例で認められた事例なので、全てがこのように判断されるわけではありません（本棚と机が「渾然一体」となっていた場合には利用関係がないと判断されて権利行使できない）。

　意匠についても、これらの事例に関連する法制度は最低限覚えてください。

　もちろん、細かい条文や判例まで覚える必要はありませんが、知財担当者であれば、意匠についても競合企業の意匠公報（権利化情報）を常に確認するようにしてください。

2．意匠制度の概略

　意匠制度の概略について、簡単に説明します。

（1）意匠登録を受けることができる意匠

　意匠登録を受けるには、以下の７つの要件が必要です（主な実質的要件のみ）。

（ア）物品、建築物の形状・模様・色彩若しくはこれらの結合、又は画像である

（イ）工業上利用できるものである

（ウ）新しい（新規性がある）ものである

（エ）容易に創作できない（創作非容易性がある）ものである

（オ）最初に出願されたものである

（カ）一意匠一出願である（複数意匠一括出願手続きあり）

（キ）公序良俗に反しない、他人の業務と混同しない、機能を確保するために不可欠な意匠でない

　この中で、基本的な要件となるのは、（ア）、（ウ）、（エ）なので、それらについて簡単に説明します。

（2）物品、建築物の形状・模様・色彩若しくはこれらの結合、又は画像［＝法律上の意匠］（意匠法２条１項／令和元年改正法）

　意匠登録を受けることができる「意匠」の対象が、ここで規定されます。

① 物品性

　一般に「意匠＝デザイン」と思われているため、デザイナーやアーティストが描いた絵画やデザインなどが意匠の対象だと思われがちですが、意匠法も産業の発達を目的にしているので、具体的な「物」が存在することが必要です。

　このため、工業製品の前提である「物品」（流通性のある有体物たる動産）の要件が必要です。

② 建築物（令和元年改正法）

新たに「物品」に含まれない不動産の「建築物」も保護の対象となりました。ここで「建築物」とは、「土地に定着した人工構造物」と定義されています。この改正によって、従来、保護できなった店舗の建物やホテルの建物、さらに、橋やダム等の構造物も保護されることになりました。

③ 形態性

「形状・模様・色彩若しくはこれらの結合」は、まとめて「形態」と言います。この形態が、意匠の中で重要な要件です。一般に、この「形態」が審査対象の中心であり、権利範囲に大きく影響します。この「形態」の要件は、少なくとも「形状」があれば、この「形態」の要件は満たすと考えられています。

④ 画像（令和元年改正法）

従来、物品に記録されて物品に表示される一部の画像については、「物品」の要件を満たすため、改正前の意匠法の枠の中で保護されてきましたが、近年は、IoT（Internet of Things）等の新技術の発展により、サーバー等に記憶されてネットワークを通じて送信される画像や、壁や道路などの物品以外の場所に投影される画像も増えており、こうした「画像」における権利化のニーズが高まっていました。

そこで、新たに、機器の操作の用に供される画像、又は機器がその機能を発揮した結果として表示される画像、すなわち、いわゆる「GUI」（Graphical User Interface）の画像についても、保護の対象となりました。

なお、条文では「美感を起こさせるもの」という要件が規定されていますが、実際の審査で美感が要求されることはほぼありません。

以上のように、意匠とは「物品の形態」「建築物の形態」、そして「一定の要件を備えた画像」であると理解し、意匠権の権利内容を把握するようにしてください。

（３）新規性（意匠法３条１項各号）

　意匠登録を受けるためには、その「意匠」が、世間で知られていないことが必要です。これは、特許の場合と同様に、出願前に公然に知られてないこと、書籍・インターネットで公開されていないことなどを指します。

　ここで、特許と違うのは、公知意匠だけでなく、公知意匠と「類似する意匠」についても新規性がないとされていることです（意匠法３条１項３号）。これは、公然に知られていない意匠であっても、類似する意匠であれば、「新規性がない」と判断するものなので、現実の世界とは少し異なります。

　そこで、この「類似する意匠」について説明します。

形態＼物品等	同一	類似	非類似
同一	同一の意匠	類似の意匠	非類似の意匠
類似	類似の意匠	類似の意匠	非類似の意匠
非類似	非類似の意匠	非類似の意匠	非類似の意匠

　上の表が、意匠の同一・類似の範囲を示したものです。なお、「物品等」とは、物品や建築物又は画像のことです。

　前述したように、意匠は「物品等」の「形態」なので、意匠の類似も物品等の面と形態の面とに分けて考えます。

　そして、物品等も形態も共に「同一」「類似」「非類似」の３つに分けて考えることができるので、物品等が「同一」で、形態も「同一」の場合、「同一の意匠」となって、物品等と形態のいずれか一方が「類似」であれば、「類似の意匠」となります。

　よって、上の表にあるように「類似の意匠」は３つ存在することになります。

　ここで、違和感を覚えるのが、「形態」が同一なのに「物品等」が非類似であれば、意匠が類似しない場合です。見た目（形態）は全く同じなのに、意匠が類似していると言えないのです。例えば、p.66の［事例３］（登山用具とキーホルダー）のような場合です。

　この点は、「意匠は『物品等』の形態である」ということを前提として、腑に落とすしかありません。

　なお、「物品等の類似」ですが、物品等の用途及び機能が、同一又は類似であれば、両物品等は類似する、と判断されます。

（4）創作非容易性（意匠法3条2項）

　意匠登録を受けるためには、さらにこの「意匠」が、容易に考え出せないものであることが必要です。特許の「進歩性」に相当する要件です。

　具体的には、その意匠分野に属する通常の知識を有する者（当業者）が、公然に知られた形態に基づき、容易に創作することができないことが必要です。

　意匠審査基準では、公知の形状、模様、色彩、又はこれらの結合や、寄せ集め、構成比率の変更又は連続する単位の数の増減等によって、創作された意匠について、創作非容易性がないとされています。

　具体的な事例として、現実のバイクが知られていれば、模型のバイクの意匠については、創作非容易性がないとされています。もっとも、チョロQ（株式会社タカラトミーの登録商標）のようにデフォルメされた自動車型玩具であれば、創作非容易性があるとされています。

　ただし、実際の実務においては、かなり分かりにくい判断基準であるため、審査官によっても判断がバラついているように思います。

（5）出願手続きの概略

　出願手続きの概略は、次ページの図のようになっています。特許の時と同様、白地の項目が出願人側が行う手続き、灰色地の項目が特許庁側が行う手続きです。

　また、意匠は特許と異なり、権利にならなければ出願内容が公開されません。これは、例えば、特許のように公開特許公報を分析すれば、第三者から開発内容がある程度分かってしまうというようなリスクを避けることができます。

　このように、意匠制度のメリット等を理解した上で、意匠権によって積極的に企業の知財を保護するようにすることも有効です。

３．出願書面、中間書面、意匠公報等

（１）意匠出願書面

　次に、意匠の出願時に提出する出願書面について説明します。

```
【意匠登録願】                【図面】
・提出日（出願日）            ・正面図
・あて先　特許庁長官          ・背面図
・意匠に係る物品              ・左側面図
・創作者                      ・右側面図
・出願人                      ・平面図
・代理人                      ・底面図
・手数料                      （・○-○断面図）
・意匠に係る物品の説明        （・○○拡大図）
・意匠の説明                  （・参考図）
```

（図面は原則六面図）

① 願書［意匠登録願］（意匠法６条）

　特許出願と同様に、一連の書面が何かを明らかにするために書誌的な事項を記載した「願書」が必要です。書類名は「【意匠登録願】」と記載しますが、意匠登録出願の場合も「願書」と言います。

　この書面にも特許出願と同様に、書面の提出日（出願日）や、創作者の名前や出願人の名称など（法人名等）を記載します。

　意匠が特許と異なるのは、この願書が権利範囲の一部を記載する書面でもある、ということです。この願書に記載する「意匠に係る物品」や「意匠に係る物品の説明」で、意匠の「物品等」の範囲が決まります。このため、意匠出願の際には、願書の記載にも十分に気を付ける必要があります。

なお、願書の記載の中で「意匠に係る物品の説明」と「意匠の説明」の違いが分かりにくいので、この点について説明しましょう。

「意匠に係る物品の説明」は、物品等の用途及び機能が明確になるように、物品等の使用目的、使用状態等、物品等の理解を助けることができるように記載します。すなわち、「物品等」の説明をするのです。

一方、「意匠の説明」は、一部図面を省略する場合や、物品の材質や大きさが理解できない場合などに、意匠の理解を助けることができるように記載します。すなわち、どちらかというと、「形態面」を説明するのです。

② 図面（意匠法6条）

意匠出願においては、この図面が権利範囲の「形態」を表す書面なので、極めて重要です。原則として、図面は、正面図等の六面図を作成します。この六面図で、十分に形態が分からない場合には、断面図や拡大図などを追加して、形態の内容を明確にするようにします。

また、参考図を追加して、意匠の使用状態などを明らかにしても構いません。この参考図に記載された内容は、あくまで参考であって、直接的に権利内容になるわけではありません。

なお、この図面以外に、写真やひな形、見本を提出して意匠を特定することもできますが、通常は図面を提出するので、この図面の記載方法を理解しておけば、通常の意匠出願をするには十分でしょう。

もっとも、この図面ですが、出願の際にはしっかりと誤記や矛盾がないように、確認してから提出しなければなりません。なぜなら、出願後に意匠の図面を補正すると、不利益を受ける可能性があるからです。

仮に、少しでも補正によって図面の内容を変える（例えば、稜線を1本追加するような補正）と、「要旨変更の補正」があったとして、その手続補正書を提出した日に新たな意匠を出願したものとみなされて、出願日が繰り下がるおそれがあります（意匠法9条の2等）。

　こうした事態を避けるため、出願の際には、図面に誤記や矛盾点がないように、しっかり確認しなければなりません。

　なお、審査官から補正の指示等があることがあります。この場合には、審査官の指示に従って補正を行うほうが、登録査定を得やすいので得策だと思います。

　もっとも、その後の無効審判等で、「要旨変更の補正」であると認定された場合には、審査官の指示とは関係なく、出願日が繰り下がるおそれがあることは認識しておいてください（意匠法9条の2）。

　以上、2種類の書面を準備して、出願手続きを行います。出願手続きは、特許と同様に、インターネット経由のインターネット出願と、郵送での書面出願の2つの方法が認められています。

（2）拒絶理由通知書（意匠法19条が準用する特許法50条）

　審査官が審査を行い、拒絶理由を発見すると、特許と同様に次ページのような書面で拒絶理由を出願人に通知してきます。審査官は、前述した7つの要件のうち、1つでも満たしていないと判断した場合には、拒絶理由を通知します。

　この拒絶理由通知書を確認する上で大事なのは、「理由」以下に記載されている事項です。審査官がどのように考えて拒絶理由を通知したのかが、ここに記載されているからです。

　この拒絶理由を解消するためのポイントは、拒絶理由の記載内容に即した意見書を作成して反論することです。意匠においても、特許と同様に、いくら意匠の内容が優れていたとしても、この反論の内容が的外れなものであれば、意匠登録を受けることができません。

拒絶理由通知書

意匠登録出願の番号	意願２０１５－
特許庁審査官	
起案日	平成２８年　５月２７日
意匠登録出願人代理人	特許業務法人前田特許事務所様

　この意匠登録出願については、以下のとおり、登録要件を満たさない理由がありますので、意匠法第１９条で準用する特許法第５０条の規定に基づき、通知します。

　この理由について意見があれば、この通知書を発送した日から４０日以内に意見書を提出することができます。

　なお、意見書の提出があったときには、その内容を考慮した上で、登録の可否について審査いたします。

理　　由

　この意匠登録出願の意匠は、その出願前に日本国内又は外国において頒布された刊行物に記載された意匠又は電気通信回線を通じて公衆に利用可能となった下記の意匠に類似するものと認められますので、意匠法第３条第１項第３号に規定する意匠（先行の公知意匠に類似するため、意匠登録を受けることのできない意匠）に該当します。

　本願意匠と下記の引用意匠とは、小径部及び針穴部における特徴的な態様の共通性が顕著であり、これらの共通点が意匠全体の類否判断に支配的な影響を及ぼし、両意匠は類似するものといえます。

記

引用意匠
　特許庁発行の公開特許公報記載
　　　　特開２０１２－１１５６０９
　　　　図１及び図２に表された縫い針の意匠

（３）意見書・手続補正書（意匠法19条が準用する特許法50条、意匠法60条の24）

　出願人は拒絶理由通知を受けてから40日以内に意見書を提出することができます。この期間内に、次ページのような意見書を作成して提出します。もっとも、意匠の図面は原則として補正できないので、意見書でしっかりと反論して審査官の認定を覆さなければなりません。しかし、経験則上、審査官の認定を覆すのは特許よりも難しいように思います。この点を認識した上で意見書を作成してください。

【書類名】　　　　意見書

【整理番号】　　　２０１５－１５３３

【あて先】　　　　特許庁審査官　███████殿

【事件の表示】

　　【出願番号】　意願２０１５－████

【意匠登録出願人】

　　【識別番号】　████████

　　【氏名又は名称】　███████

【代理人】

　　【識別番号】　１１０００１４２７

　　【氏名又は名称】　特許業務法人前田特許事務所

　　【代表者】　　前田　弘

　　【電話番号】　０６－４７９６－９９５５

【発送番号】　　　０２４３３０

【意見の内容】

１．拒絶理由の要点

　本願に対する拒絶理由は、その出願前に日本国内又は外国において頒布された刊行物に記載された意匠又は電気通信回線を通じて公衆に利用可能となった下記の意匠に類似すると認められますので、意匠法第３条第１項第３号に規定する意匠に該当する、というものです。

引用意匠：特開２０１２－１１５６０９の図１及び図２に表された縫い針の意匠

２．本願意匠が登録されるべき理由

（１）本願意匠と引用意匠の対比

Ａ．意匠に係る物品

　本願意匠と引用意匠に係る物品は「縫い針」であり、共通しています。

Ｂ．本願意匠の構成態様

　ⅰ）基本的構成態様

　（ａ－１）丸棒上の軸部を有している。

　また、手続補正書を作成する場合もあります。意匠の補正は、次ページのように、図面の一部を削除するような場合や、意匠に係る物品を補正するようなケースが多いです。

【書類名】	手続補正書
【整理番号】	■■■■■■
【あて先】	特許庁長官　殿
【事件の表示】	
【出願番号】	意願２０１９－■■■■■
【補正をする者】	
【識別番号】	■■■■■■■
【氏名又は名称】	■■■■■■■■■■■■
【代理人】	
【識別番号】	１１０００１４２７
【氏名又は名称】	特許業務法人前田特許事務所
【代表者】	前田　弘
【電話番号】	０６－４７９６－９９５５
【発送番号】	００５０６２
【手続補正１】	
【補正対象書類名】	図面
【補正対象項目名】	組立状態を示す正面図
【補正方法】	削除
【手続補正２】	
【補正対象書類名】	図面
【補正対象項目名】	組立状態を示す背面図
【補正方法】	削除
【手続補正３】	
【補正対象書類名】	図面
【補正対象項目名】	組立状態を示す左側面図
【補正方法】	削除
【手続補正４】	
【補正対象書類名】	図面
【補正対象項目名】	組立状態を示す平面図
【補正方法】	削除

（19）【発行国・地域】日本国特許庁（ＪＰ）
（45）【発行日】平成28年1月18日（2016．1．18）
（12）【公報種別】意匠公報（Ｓ）
（11）【登録番号】意匠登録第1541923号（Ｄ1541923）
（24）【登録日】平成27年12月11日（2015．12．11）
（54）【意匠に係る物品】薬剤放散器用薬剤含浸体カートリッジ
（52）【意匠分類】Ｃ4－319
（51）【国際意匠分類】Ｌｏｃ（10）Ｃ1．23－04
（21）【出願番号】意願2015－13090（Ｄ2015－13090）
（22）【出願日】平成27年6月12日（2015．6．12）
（72）【創作者】
【氏名】山里　圭
【住所又は居所】広島県廿日市市梅原1丁目11番13号　フマキラー株式会社内
（72）【創作者】
【氏名】若槻　健
【住所又は居所】広島県廿日市市梅原1丁目11番13号　フマキラー株式会社内
（73）【意匠権者】
【識別番号】000112853
【氏名又は名称】フマキラー株式会社
【住所又は居所】東京都千代田区神田美倉町11番地
（74）【代理人】
【識別番号】110001427
【氏名又は名称】特許業務法人前田特許事務所
【新規性喪失の例外の表示】意匠法第4条第2項の適用申請が有りました。
【審査官】内藤　弘樹

（55）【意匠に係る物品の説明】本物品である薬剤放散器用薬剤含浸体カートリッジは、上面側と下面側に開口部を形成し、この開口部を介して空気が流通するようにしている。そして、内部には殺虫、殺ダニ、忌避、防虫、芳香、消臭等の薬剤を含浸した薬剤含浸体の収容が可能となっている。この薬剤放散器用薬剤含浸体カートリッジは、薬剤放散器に薬剤放散器用薬剤含浸体カートリッジを装着した状態を示す参考断面図にあるように、薬剤放散器内に装着して使用するものである。この薬剤放散器としては、薬剤放散器の使用状態を示す参考斜視図にあるように装置本体に空気の吸込口と放出口とを形成すると共に、電池により作動する送風機を内部に備えており、また、装置本体にバンドを装着し、このバンドにより人の手首や上腕等に取り付けて使用するものであり、送風機の作動により薬剤保持体に保持する薬剤を放出口より外部に放出することで、装置本体の周囲に薬剤を放散するように構成されている。

（55）【意匠の説明】正面図、背面図、正面側から見た斜視図、背面側から見た斜視図、使用状態を示す参考斜視図の各図における形状線以外の細線は、いずれも立体表面の形状を表す線である。
【図面】
【正面側から見た斜視図】

　もっとも、意匠公報は、特許のような旧来の「公報」形式のものではなく、出願書面の形式のまま発行されます。

　まず、上から４行目の（11）に、この意匠の登録番号が記載されます。「意匠登録第1541923号」というのが、この意匠の登録番号です。意匠の場合も、登録番号は、登録年度に関係なく１から順番に付与されます。

　その下の７行目の（52）に、「意匠分類」が記載されます。この意匠分類は日本独自のもので物品に関する分類です。このため、この意匠分類は国際的に通用するものではありません。国際的な意匠分類としては、その下に書いてある「国際意匠分類」を参考にすればよいでしょう。

　以上が、権利化手続きの中で関係する主要な出願書面と公報等の書類です。

４．その他の特殊な出願制度

　次に、特殊な出願制度について説明します。

（1）部分意匠制度（意匠法２条１項カッコ書）

　この制度は、物品の特徴的な一部分について権利化を図る制度です。特徴的な部分が同じであっても、全体としては非類似と判断される意匠に対しても、意匠権で権利行使ができるように認められた制度です。もっとも、権利行使する場合には、その部分の「位置、大きさ、範囲」の要素も類似の判断要素に加える必要があるため、実際には、あまり広く権利行使はできないと思います。

（2）関連意匠制度（意匠法10条）

　この制度は、類似する複数の意匠を保護する制度です。同じようなバリエーションがある意匠について別々に保護する制度で、この制度も、意匠の類似範囲を広げて、権利行使できる範囲を広げようとする制度です。

　ただし、本意匠の意匠権と関連意匠の意匠権は、別々に譲渡ができないなど、一定の制限がある点が、通常の意匠権と異なります。

（3）組物意匠制度（意匠法8条）

　この制度は、一意匠一出願の原則の例外で、同時に使用される二以上の物品等について、統一感があるものについて、1件の出願で保護を認める制度です。1件で複数の物品等を保護できる点でメリットがあります。もっとも、この二以上の物品等は、経済産業省令の規定で定められたものに限られています。よって、どのようなものでも出願できるわけではありません。

（4）秘密意匠制度（意匠法14条）

　この制度は、登録日から3年以内に限り、登録された意匠を秘密状態で保護できる制度です。通常意匠は、意匠公報が発行されると、権利化された内容が一般に広く公開されます。これは、競合企業に対して次期製品がどのようなデザインで販売されるかを知らせてしまうことになり、事業戦略上、あまり好ましくありません。

　そこで、登録日から3年以内に限り、意匠の内容を秘密にすることを認めているのです。ただし、権利行使する場合には、特許庁長官の証明を受けた書面が必要であったり、また、過失の推定がなかったりといった制限があります。

（5）動的意匠制度（意匠法6条4項）

　この制度は、物品等の形態が機能に基づいて変化するものであって、その変化が予測できないような物品等に対して、1件の出願で保護を認める制度です。例えば、自動車とロボットの間を変態する変態玩具のような物品については、自動車時とロボット時で大きく形態が異なりますが、このような物品について、1件の出願で、自動車時とロボット時の少なくとも2つの形態を保護しようとする制度です。

5．意匠権の効力

　意匠登録がされると、出願した意匠は意匠権として保護されます。この意匠権を侵害すると、特許権と同様に、差止請求と損害賠償請求等がなされます。

　では、この意匠権の効力は、どこまで及ぶのでしょうか？

　意匠法23条では「意匠権者は、業として登録意匠及びこれに類似する意匠の実施をする権利を専有する」と規定しています。

　すなわち、登録した意匠のみならず、登録した意匠に類似する意匠についても、権利を専有することができ、権利行使ができるのです。

　では、その登録意匠の範囲は、どのように定めるのでしょうか？

　意匠法24条1項には、「登録意匠の範囲は、願書の記載及び願書に添附した図面に記載され又は願書に添付した写真、ひな形若しくは見本により現わされた意匠に基いて定めなければならない」と定められています。

　すなわち、「願書の記載」と「図面の記載又は写真、ひな形、若しくは見本」に基づいて、登録意匠の範囲、要するに、意匠権の権利範囲を定めると規定されているのです。

　「願書の記載」で「**物品等の範囲**」を定めて、「図面の記載又は写真、ひな形若しくは見本」で「**形態の範囲**」を定めている。両者を合わせて登録意匠の範囲を定めていると理解すれば、腑に落ちると思います。

６．意匠の類似

　次に「登録意匠に類似する意匠」とは、どのような意匠なのでしょうか。

　意匠法24条2項には、「登録意匠とそれ以外の意匠が類似であるか否かの判断は、需要者の視覚を通じて起こさせる美感に基づいて行うものとする」と規定しているだけで、意匠法には、詳細な規定がありません。

　では、意匠審査基準ではどうなっているのでしょうか。意匠審査基準でも意匠の類否判断の手法（第Ⅲ部第2章第1節新規性2.2類否判断参照）が記載されているだけで、「登録意匠に類似する意匠」については、具体的に定義していません。

　すなわち、法律等では、「登録意匠に類似する意匠」を規定せずに、「類否判断の方法」をある程度示すことで、個別案件ごとに「類似する意匠」を判断してもらうようにしているのです。

7．意匠の類否判断

　では、その意匠の類否判断（「類似するか否か」なので、「るいひ」判断と言う）は、どのように行うのでしょうか。

（1）類否判断の基準

「意匠審査基準」の類否判断は、次の（ア）～（キ）の観点によって行われます。

　（ア）対比する両意匠の意匠に係る**物品等の用途及び機能の認定及び類否判断**

　（イ）物品等の部分について意匠登録を受けようとする意匠の場合、当該部分に**おける用途及び機能の共通点及び差異点の認定**

　（ウ）物品等の部分について意匠登録を受けようとする意匠の場合、当該部分の**位置、大きさ、範囲の共通点及び差異点の認定**

　（エ）対比する**両意匠の形状等の認定**

　（オ）対比する両意匠の形状等の**共通点及び差異点の認定**

　（カ）対比する両意匠の形状等の**共通点及び差異点の個別評価**

　（キ）**総合的な類否判断**

　（ア）のステップで意匠の「物品等」の判断を行います。比較する２つの意匠の物品等の使用目的や使用状態等に基づいて、物品等の用途及び機能を確認し、用途及び機能に共通性の有無を判断します。共通性があれば両意匠の物品等は類似性があると判断して、共通性がなければ両意匠の物品等は類似性がないと判断します。

　（イ）のステップで部分意匠の類否判断を行う場合、比較する２つの意匠の部分のそれぞれの用途及び機能を確認し、部分の用途及び機能についての共通点及び差異点を認定します。

　（ウ）のステップで部分意匠の類否判断を行う場合、比較する２つの意匠の部分の物品等全体の形状等の中での位置、大きさ、範囲を確認し、それらの共通点及び差異点を認定します。なお、この位置、大きさ、範囲は、その意匠の属する分野においてありふれた範囲のものであれば、ほとんど影響を与えません。

　（エ）のステップで意匠の「形状等（形態）」の認定を行います。比較する２つの意匠の形状等のうち、物品等全体の形状等（大づかみに捉えた際の骨格的形状等、基本的構成態様とも言う）と、各部の形状等とを認定します。

　もっとも、意匠の個々の形状等をどちらの形状等に分類するかは、類否判断においては重要ではないと思います。

　（オ）のステップでその２つの意匠の物品等全体の形状等及び各部の形状等における共通点及び差異点を認定します。どの部分が共通していて、どの部分が異なっているかということを明確にしていくのです。この作業は、いわゆる「間違い探し」に近いものだと思います。

　また、部分意匠の類否判断を行う場合も、２つの部分の全体の形状等及び各部の形状等における共通点及び差異点を認定します。

　（カ）のステップでこの形状等の共通点と差異点について、それぞれ個別評価をしていきます。この評価によって、おおよそ類似するか否かが決まるので、非常に大事なステップです。

　このステップでは、次に挙げる事項を検討します。

　（ⅰ）対比観察した場合に**注意を引く部分（要部）か否かの認定及び評価**

　（ⅱ）**先行意匠群との対比に基づく評価**

　（ⅲ）**機能的意味を持つ形状等及び材質**に由来する形状等の取扱い

（２）意匠の要部

　ここで、特にポイントとなるのが、（ⅰ）の「**注意を引く部分（要部）**」がどこになるか、ということです。この「注意を引く部分（要部）」とは、読んで字のごとく、**意匠の全体形状等において、需要者等からみて注意を引きやすい部分**です。これが、果たしてどこなのかを認定します。

　その形状等部分が、意匠の物品全体の中で占める割合が大きかったり、また、その形状等部分が物品等の特性からみて視覚的印象に大きな影響を及ぼす部分であったりすると、その形状等部分が、「注意を引く部分（要部）」になり得ます。

　もっとも、その「注意を引く部分（要部）」は、（ⅱ）**先行意匠の存在等**によって変わる可能性があります。

　すなわち、例えば「注意を引く部分（要部）」の形状等が、先行意匠に既に多く存在する場合には、需要者は、その形状等部分を見慣れた形状等だと思う可能性が高いため、「注意を引く部分（要部）」にはなりにくいのです。したがって、類否判断を行うためには、**先行意匠も十分に調査しておく必要がある**と言えるでしょう。

　また、この「注意を引く部分（要部）」は、その形状等部分が（ⅲ）**機能的意味を持つ形状等や材質に由来する形状等か否か**によって判断を変える必要もあります。

　なぜなら、その「注意を引く部分（要部）」の形状等が、その物品の機能的意味を持つ形状等であった場合や、材質に由来する形状等であった場合には、必然的にその物品は、その形状等をとらざるを得ないため、実質的に、その物品の形状等全てを、１件の意匠権で保護することになってしまい、**意匠法が保護しようとする範疇**を超えてしまうからです。

　よって、これらの機能的意味を持つ形状等部分及び材質に由来する形状等部分は、「注意を引く部分（要部）」には、なりにくいと言えます。

（３）最終判断

　最後に、（キ）のステップで意匠全体としての類否判断を行います。意匠全体として両意匠の全ての共通点及び差異点を総合的に観察した場合に、**需要者（取引者を含む）に対して異なる美感を起こさせるか否か**を判断します。

　これは、意匠が、全体が有機的なつながりを持って結合されたものであり、個別の形状等を評価するだけでは類否判断ができないため、各形状等の組み合わせも注意しつつ、共通点及び差異点を総合的に検討して、意匠全体の美感の類否について判断するのです。

　例えば、この（キ）のステップがあることによって、個別の共通点や差異点では類似すると判断できなかったものでも、意匠全体として見た時には類似すると判断することもできます。

　以上の７つのステップで、意匠の類否判断を行います。もっとも、この類否判断は、特許の特許請求の範囲における侵害の有無の判断よりも難しいと思います。

　意匠の類否判断は、専門家である弁理士であっても、どこまでが類似で、どこからが非類似なのかを明確に判断できる方は少ないでしょう。

8．意匠権の効果的な使い方

　以上のように、意匠の類否判断は、非常に難しいものです。正直なところ、最終的には、裁判所の判断を待たないと、意匠が類似しているか否かは分からない、というのが現実です。

　しかし、このように類否判断が難しいということを逆手に取って、意匠権で商品や製品を保護するという選択肢もあると思います。

　確かに、意匠権の保護対象は、特許のように抽象的な技術的思想ではなく、具体的な物品等であるため、意匠権の権利範囲は狭く、具体的な製品や商品に限定されます。

　しかしながら、意匠権の場合には、「登録意匠に類似する意匠」という概念があることで、**権利範囲の外縁が、ややぼやけて広がる**ことになります。

　この外縁が「ぼやける」ということは、特許権ではあり得ません。特許請求の範囲のところで説明したように、権利範囲は明確でなければならないからです。

　また、意匠権の場合には、権利化費用や弁理士費用、権利維持の費用も特許権と比べると大幅に安いため、**権利化・権利維持費用を削減**できます。さらに、権利期間も**特許より長期間保護する**ことが可能です。

　以上、こうした事実を勘案すると、量産を行う自社製品や商品については、特許権のみならず、意匠権でも保護することが有効であると思います。

Ⅳ　商　　標

1．商標制度に関する事例

　商標制度においても、事例を4つ示します。

　なぜ、こうなったのでしょうか。こうした問題を避けるために、どのようにすればよかったのか考えてみてください。

［事例1］

➢ Aさんは、「輝き」というネーミングでシャープペンシルを販売しようとしています。

➢ 一方、甲社では、以前から「輝き」というシャープペンシルを販売しています。しかし、**現時点で商標出願がされていなかった**ので、Aさんは、そのまま「輝き」というネーミングでシャープペンシルを販売しました。

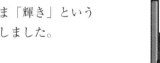

　　　　　　　　↓

➢ しかし、しばらくしてから、甲社から商標権侵害であるとして警告書が届きました。なぜでしょうか？

［事例2］

➢ Bさんは、昔から知られている「カープ」という言葉を、清酒に付して販売しようとしています。

➢ 仮に、広島東洋カープが「カープ」という**商標を取っていても**、既に20年以上経過しているから、問題になることはないと思っていました。

　　　　　　　　↓

➢ しかし販売後、広島東洋カープから商標権侵害であるとして警告書が届きました。なぜでしょうか？

[事例3]

➤ Cさんは、自社のシャープペンシルに「輝き」というネーミングを付すとともに、商標出願しました。

➤ その後、乙社が「輝き」というネーミングを付した靴を販売しているのを発見しました。

↓

➤ このため、Cさんは、乙社の販売を商標権で差し止めようとしましたが、弁理士からは、できないと言われてしまいました。なぜでしょうか？

[事例4]

➤ Dさんは、将来使うつもりで、**3年前にシャープペンシルに「輝き」という商標権を取得**していました。

➤ ところが、最近、他メーカー丁社が、シャープペンシルに「輝き」という商標を付して販売を開始したのを知りました。

↓

➤ このため、Dさんは他メーカー丁社に権利行使しようとしましたが、弁理士から止められました。なぜでしょうか？

◆ 解 答 例 ◆

[事例1]

　商標は公知後の出願でも権利化できる（特許や意匠と異なり新規性は不要）ため、甲社は、販売後にシャープペンシルについて「輝き」という商標を権利化したと考えられます。このため、Aさんは甲社の出願動向をチェックしておくべきでした。

[事例2]

　商標権は、登録日から10年ごとに更新することで半永久権として維持できます（商標法19条）。よって、Bさんは、広島東洋カープの商標権が存続しているかどうかを確認すべきでした。

[事例3]

　商標権は「指定商品又は指定役務」が同じ又は類似でなければ、権利侵害を主張できません（商標法25条、37条1号）。そして、事例の指定商品「シャープペンシル」と販売されている商品の「靴」は、同じでも類似でもないため、商標権侵害となりません。よって、Cさんは権利行使ができません。

[事例4]

　商標権は、不使用期間が登録日から継続して3年以上になると、不使用取消審判で取り消されます（商標法50条）。事例の場合には、Dさんが権利行使しようとすると逆に権利が取り消され、権利行使できません。このため、Dさんは、いったん権利行使するのをやめて、登録商標を実際に使用し、不使用状態を解消した上で、再度、権利行使を検討すべきです。

　商標も、これらの事例に関連する法制度は、最低限覚えてください。

　もちろん、商標も細かい条文や判例を覚える必要はありません。知財担当者であれば、競合企業などの商標登録の状況などを押さえておけば十分だと思います。

2．商標制度の概略

　商標制度の概略について、簡単に説明します。

（1）商標法を学ぶ前に知っておくべきこと

① 商標と他の知的財産との根本的な違い

　商標制度を説明する前に、商標が他の発明等の知的財産と根本的に違うことがあります。そこでまず、その点について説明します。

　それは、発明やデザインの場合は「創作物」でありそれ自体に「価値がある」と考えられているのに対し、**商標の場合は、単なる文字列などの「選択物」にすぎず、それ自体には「価値がない」と考えられていること**です。

　確かに現実には、ロゴやネーミングなども時間や費用をかけて作られるため、商標も「創作した物」と言えるようにも思えます。

　しかし、法律は商標を単なる「選択物」としてみており、商標の場合は、商標を「使用する」ことによって初めて「価値」が生じると考えているのです。

　こうした違いが、商標法等には、以下のような制度等に表れています。

（ア）商標を使用しないと、商標登録が取り消されてしまう（不使用取消審判）

（イ）使用状態（使用期間等）によって、商標権の権利範囲が変動する（類似範囲の変動）

（ウ）登録要件に新規性は求められていない（新規性喪失の拒絶理由がない）

（エ）商標権が、半永久権として存続する（権利の更新制度）

　これらは、商標法特有の制度であり、特許法や意匠法にはありません。すなわち、先ほど挙げた事例は、商標法の特有の制度に関連した事例なのです。

　この根本的な違いは、商標制度を理解する上で必要な知識です。以後、商標の実務を行う場合にも常に意識してください。

② 商標権の「価値」の中身

　では、商標権が保護する「価値」とは何でしょうか。

　商標権は、使用することによって、**その商標を使用した者の「業務上の信用」**が、商標に「化体」して「経済的な価値」が生じると言われます。

　すなわち、商標権が保護する価値は商標権者（使用者）の「業務上の信用」なのです。

　したがって、「業務上の信用」が棄損されるか否かによって、商標権侵害の有無が決まることが多いです（外形的に商標権を侵害しているような場合でも、否定されることがある）。これも、商標権が他の特許権等と異なる点です。

③ 商標の機能

　そして、この「業務上の信用」が商標に結合していくことで、商標の価値（≒ブランド力）が高まり、商標は次の機能を持つと言われます。

（ア）商品役務識別機能（他人の商品・役務から区別される機能）

（イ）出所表示機能（商品・役務の出所を明らかにする機能）

（ウ）品質保証機能（同一の品質を有することを保証する機能）

（エ）宣伝広告機能（商標を手掛かりに購買意欲を起こす機能）

　これらを具体的に説明します。商品・役務（サービス）に表示（商標）がないと誰の商品・役務なのか分からなくなるので、商品・役務を識別（区別）するために商標が機能するのです。これを「商標の商品役務識別機能」と言います。

　そして、ある程度商標を使用していると、その商標が付されていることにより、その商品・役務が誰によって提供されているか（生み出されているか）が分かります。これを「商標の出所表示機能」と言います。

　さらに、商標を使用して商品の認知度が上がり商品・役務の評価が高まると、その商品・役務を提供している企業のものであれば一定の品質が保証される、というイメージが出来上がります。これを「商標の品質保証機能」と言います。

　　その後、長期間商標を使用してブランド化に成功すると、その商標が付された商品・役務は、良いものであるとのイメージが高まり、その商標を見るだけで消費者の購買意欲を高めることができます。これを「商標の宣伝広告機能」と言います。

　以上のように、商標は、継続的に使用することで、段階的にさまざまな機能を果たすことになります。理想は、最終的に宣伝広告機能を果たす程度まで、商標が市場に浸透して、商標の価値（業務上の信用）が高まることです。このように商標の価値が高まると、商標権は、権利的にも強いものになり、後で説明するように商標の類似範囲も広がることになります。

　まずはこうした前提知識を念頭に置いておいてください。以下、商標制度について説明します。

（2）商標登録を受けることができる商標

　商標登録を受けるには、以下の7つの要件が必要です（主な実体的要件）。

（ア）文字、図形、記号、立体的形状若しくは色彩又はこれらの結合、音その他政令で定めるもの（標章）である

（イ）自己の業務に係る商品又は役務に使用するものである

（ウ）普通名称、慣用商標等、識別力のない商標でないこと

（エ）他人の先願登録商標と同一・類似の商標でないこと

（オ）他人の周知商標と同一・類似の商標でないこと

（カ）商品・役務の品質誤認が生じるおそれがないこと

（キ）公序良俗を害しない、他人の業務と混同しない、機能を確保するために不可欠な形状ではないことなど

　上記の中で、基本的な要件となるのは、（ア）、（ウ）、（エ）です。以下、これらについて簡単に説明します。

（3）「標章」（商標法2条1項）

　文字、図形、記号、立体的形状若しくは色彩又はこれらの結合、音その他政令で定めるものを「標章」と言います。これは商標として、商品等に使用する（付す）前の「文字、図形等」を「標章」として定義しているのです。この標章が願書の書面等に表されます。文字やロゴマーク、展示用の人形等、企業のマスコット等も「標章」になります。標章を商品や役務（サービス）に使用することで、「商標」となります。

　なお、この「標章」には、平成27年から保護の対象となった新しい商標として、音や動き、ホログラム、色彩、位置等があります。特に、「音」については、従来、視覚で確認できることが前提であった「標章」に、聴覚で確認できる概念も含まれることになったので、これは非常に大きな変化だと言えます。

　現在、既に登録されている音商標もあるので、J-PlatPat で権利化された音商標を検索してみてもよいでしょう。もしかすると、普段、聞き慣れた音（音楽等）が商標登録されているかもしれません。

（4）「識別力のない商標」（商標法3条1項、2項）

　商標は、商品や役務にその標章を付すことで、差別化（区別）する機能（商品役務識別機能）を果たさないといけないため、その商品・役務に付しても識別できない商標は登録できません。

　例えば、リンゴに商標「りんご」というような普通名称を付したとしても識別できませんし、清酒に商標「正宗」というような慣用句を付しても識別できません。

　さらに、単に商品の産地、販売地、品質等又は役務の提供場所、質等のみを表示する商標についても識別力がないと考えられているため、登録できません。

　したがって、これらの商標に該当しないような商標にする必要があります。

　もっとも、このうち、商品の産地、販売地等のみの商標については、使用された結果、需要者が誰の業務に係る商品等であるかを認識できるようになったものについては、例外的に登録を受けることができます。ただし、それを立証するのはかなり大変なので、なかなか登録を受けることができません。

（5）「他人の先願登録商標と同一、類似でない商標」（商標法4条1項11号）

　商標が識別標識である以上、需要者からみて混同が生じるようであれば、商標として機能を果たし得ません。このため、先願の登録商標と同一又は類似する商標については、登録が認められません。

　ここで、同一・類似については、次の表のように意匠と同様、商品・役務の類似と、商標の類似を考えて類似範囲が判断されます。

商標＼商品・役務	同一	類似	非類似
同一	同一の商標	類似の商標	非類似の商標
類似	類似の商標	類似の商標	非類似の商標
非類似	非類似の商標	非類似の商標	非類似の商標

　この類似範囲については、後ほど権利範囲でも「類似」を検討する必要があるため、そこで詳細に説明しますが、商標の場合、「外観（見た目）」「称呼（読み方）」「観念（意味内容）」の3要素で類似範囲を考え、そのうち1つでも類似していたら、原則「類似する」と判断します。なお、音商標等の新しい商標は、これらの要素を備えていないため、条件はおのおので判断されます。

　また、商品・役務についても、「類似」範囲を考えて、商品の需要者や販売場所等の共通性から、商品・役務が「類似」するか否かを判断します。

　そして、最終的に商標と商品・役務が類似していると、2つの商標は類似する、と判断することになります。

　こうして、先願の登録商標と出願商標とが類似すること判断されると、出願商標は登録されません。

（6）出願手続きの概略

　出願手続きの概略は、次ページの図のようになっています。特許や意匠の場合と同様に、白地の項目が出願人側が行う手続きであり、灰色地の項目が特許庁側が行う手続きです。

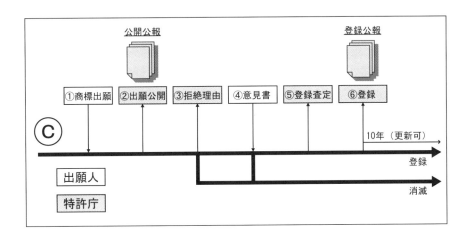

① 商標出願（商標法５条）

　出願人は、商標を選択すると、特許庁に商標登録出願を行います。この出願は、後ほど説明する商標の出願書面を、特許庁に提出することで行います。

　ここで、商標は単なる選択物であるため、特許でいう発明者や、意匠でいう創作者と言われる人は存在しません。この点は特許や意匠と異なります。また、商標が創作物でないため、商標には「冒認」という考え方がありません。ここも、特許や意匠と異なります。

② 出願公開（商標法12条の２）

　商標出願は、約１カ月後に出願公開がされます。これは、全ての出願商標が公開される点で特許と同じです。しかし、商標の場合、出願公開される趣旨が、金銭的請求権を認めたため、また、どのような商標が出願されているかを明らかにするために出願公開されるので、特許の出願公開の趣旨と異なります。

③ 拒絶理由（商標法15条の２）

　その後、全ての商標出願は審査官が審査を行い、出願内容に拒絶理由がある場合（先ほどの登録要件を欠く場合）には、審査官から拒絶理由が通知されます。

④ 意見書（商標法15条の2）

　　出願人側は、審査官が指摘した拒絶理由を覆すように意見書を作成し、審査官に提出することができます。なお、このとき指定商品・役務が先願先登録商標（先に出願され、かつ、先に登録された商標）と類似するとの拒絶理由が通知された場合は、該当する指定商品・役務を削除する補正を行うことで、拒絶理由を解消することができます。

　　しかし、この意見書によって審査官の認定を覆せなかった場合や、拒絶理由通知に応答しなかった場合には、出願した商標は拒絶査定を受けて、権利化できません（その後、特許出願と同様に、拒絶査定不服審判で争う余地はある）。

⑤ 登録査定（商標法16条）

　　拒絶理由を解消した場合、又はそもそも拒絶理由がない場合、審査官は出願商標に対して登録査定を下します。

⑥ 登録（商標法18条）

　　登録査定を受けた出願商標は、登録料を納めると、特許庁で登録手続きがなされ、晴れて商標登録がされます。そして、「商標公報」が発行され、出願人は、誰に対しても、自分が商標権者であることを主張できます。

　　その後、商標登録は、登録日から10年間存続させることができます。商標権は、更新手続きを行うと、さらに10年権利期間を延ばすことができ、その更新手続きを繰り返すことによって半永久権として権利を存続させることができます。

　　以上、こうした出願手続きのなかで、知財担当者として特に知っておくべきことは、商標の場合、権利範囲を出願時よりも広げることができず、指定商品・役務を絞る（削減する）方向の補正しかできないことです。これは特許や意匠と異なります。もっとも商標の場合、登録要件に新規性が求められないので、別途、新たな出願をするなどによって、事後的に権利範囲を広げるのと同様の効果を得ることができます。

　これは、商標が「使用する」ことを前提に保護を図っているため、不必要に広い権利範囲を認める必要がないと考えられているからです。

　また、知財担当者であれば、商標は使用していなければ取り消されるということも知っておくべきです。商標では、審査の段階で先願先登録商標があったとしても、その商標が使用されていなければ取り消すことができるので、拒絶理由を解消するためにその先願先登録商標を不使用取消審判で取り消す手段を採ることがあります。

　特許や意匠では先行技術や先行意匠を取り消すことはあり得ませんが、商標ではこうした手段も可能です。こうしたことから、商標では「使用する」ということが重要であることを覚えておいてください。

　このように、他の産業財産権と商標の制度の違いを理解した上で、商標権で企業の知財（ブランド）を保護するようにしましょう。

3．出願書面、中間書面、商標公報等

（1）商標出願書面［商標登録願］（商標法5条）

　次に、商標の出願時に提出する出願書面について説明します。

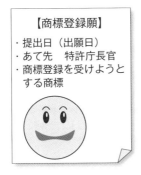

【商標登録願】
・提出日（出願日）
・あて先　特許庁長官
・商標登録を受けようとする商標

・商品及び役務の区分並びに指定商品又は指定役務

　第42類　工業所有権に関する代理
・出願人
・代理人
・手数料

　商標出願の場合は、特許出願や意匠出願と異なり、この「願書」だけを作成して出願することで、手続きは完了します。記載する内容は、特許出願等と同じように書誌的な事項である書面の提出日（出願日）、出願人の名称（法人名等）などの事項と、権利内容である「商標」と「指定商品・役務」です。

　「商標」と「指定商品・役務」は、「商標登録を受けようとする商標」と「商品及び役務の区分並びに指定商品又は指定役務」の欄を設け、権利を取得したい「商標」と「指定商品・役務」を記載します。なお、商標の場合は、発明者や創作者のように商標を作り出した人はいないため、記載する項目がありません。

　願書に記載する「商標」は、前掲したような「ロゴ」や「マーク」でもいいですし、外観を限定しない「標準文字」として商標を記載することもできます。「標準文字」として出願する場合は、願書に【標準文字】という欄を設けて、願書を作成する文字のフォントのままで権利化したい文字を記載すれば足ります。

　一方、「指定商品・役務」には、「区分」と「具体的な商品・役務」を記載します。ここでいう「区分」とは、その指定商品・役務が属する種類のことです。「商品」は第1類から第34類まであり、「役務」は第35類から第45類まであります。指定した区分の数によって、出願費用や登録費用が変化します。区分の数が増えれば費用も増加します。

　もっとも、この区分は、商品・役務の類否判断には影響を及ぼしません。よって、同じ区分にあるから商品・役務が類似する、又は異なる区分にあるから商品・役務が類似しないという理屈は成り立ちません。

　次に、「具体的な商品・役務」ですが、これは権利範囲に関する内容なので、抽象的に記載することは許されていません。J-PlatPatで公開されている「商品・役務名検索」などを利用して、適切かつ具体的に指定商品・役務を記載してください。

　以上、原則として、この「願書」1種類の書面を準備して出願手続きを行います。

　なお、音商標においては、別途、商標登録を受けようとする商標を記録したDVD等の光ディスクの提出が義務付けられています。こうした特殊な商標の出願手続きについては、特許庁HPで詳細に紹介されているので、これを参照しながら注意して書面等を作成するようにしてください。

　なお、出願手続きは、商標においてもインターネット経由のインターネット出願と郵送での書面出願の2つの方法が認められています。

（２）公開商標公報（商標法12条の２）

出願してからしばらくすると、次に示すような公開商標公報が発行されます。

（190）【発行国・地域】日本国特許庁（ＪＰ）
（441）【公開日】平成２９年３月２１日（２０１７．３．２１）
【公報種別】公開商標公報
（210）【出願番号】商願２０１７－２８３１１（Ｔ２０１７－２８３１１）
（220）【出願日】平成２９年３月６日（２０１７．３．６）
（540）【商標】

（511）【商品及び役務の区分並びに指定商品又は指定役務】
第１４類　宝飾品製造用ビーズ
第２６類　手芸用ビーズ
（731）【出願人】
【識別番号】５９２０１１０３３
【氏名又は名称】トーホー株式会社
【住所又は居所】広島県広島市西区三篠町２丁目１９番６号
（740）【代理人】
【識別番号】１１０００１４２７
【氏名又は名称】特許業務法人前田特許事務所

　公開商標公報も、公開特許公報のような旧来の「公報」形式ではなく、出願書面の形式のまま発行されます。商標の場合、特許とは異なり「公開番号」がありません。そのため、公報の上から４行目の（210）に記載されている出願番号で案件を特定することになります。その他は、出願時に記載した項目と同じです。

（3）拒絶理由通知書（商標法15条の2）

　審査官は、審査を行い、拒絶理由を発見すると、特許や意匠と同様、下記のような書面で出願人に拒絶理由を通知してきます。審査官は、前述した登録要件等を1つでも満たしていないと判断した場合には、拒絶理由を通知します。

拒絶理由通知書

商標登録出願の番号　　　商願2017－████████

起案日　　　　　　　　　平成29年　7月13日

特許庁審査官　　　　　　████████████████

商標登録出願人代理人　　特許業務法人前田特許事務所　様　████

　この商標登録出願については、商標登録をすることができない次の理由がありますので、商標法第15条の2（又は同法第15条の3第1項）に基づきその理由を通知します。

　これについて意見があれば、この書面発送の日から40日以内に意見書を提出してください。

　なお、意見書の提出があったときは、商標登録の可否について再度審査することになります。

理　由

　この商標登録出願に係る商標（以下「本願商標」といいます。）は、「████████」の文字を表示してなり、第14類「宝飾品製造用ビーズ」及び第26類「手芸用ビーズ」を指定商品とするものです。

　本願商標は、前記のとおり、「████████」の欧文字を表示してなるところ、その構成が、欧文字の大文字1字「██」と欧文字「██████」とを空白を介して表示してなるので、「██」と「██████」の欧文字を組み合わせてなるものと容易に看取、認識されるものです。

　ところで、本願指定商品を取り扱う業界をはじめ各種産業分野において、自己の製造、販売に係る各種商品等について、その商品等の管理又は取引の便宜性等の事情から、欧文字1字又は2字を、単独で又は数字などと組み合わせて商品の型式、規格又は品番等を表示するための記号、符合として、取引上普通に採択、使用しているのが実情です。

　また、「██████」の欧文字は、本願指定商品「ビーズ」の意味を有するものとして一般に親しまれているものです。

　そうすると、「████████」の文字からなる本願商標は、これをその指定商品に使用するときは、これに接する取引者、需要者が、当該文字を「商品の型式等が██であるビーズ」であることを表したものと容易に認識するにとどまり、自他商品の識別機能を有するものと認められないものです。

　したがって、本願商標は、需要者が何人かの業務に係る商品であることを認識できない商標ですから、商標法第3条第1項第6号に該当します。

　拒絶理由通知書で大事なのは、特許や意匠と同様、「理由」以下の事項です。審査官の考え方がここに記載されているからです。商標の場合も拒絶理由を解消するためのポイントは、拒絶理由の記載内容に即した意見書を作成して反論することです。

（4）意見書・手続補正書（商標法15条の2、68条の40）

　出願人は、拒絶理由通知を受けてから40日以内に意見書を提出することができます。この期間内に下記のような意見書を作成して提出します。

【書類名】　　　　　意見書

【整理番号】　　　　２０１７－■■■■■

【あて先】　　　　　特許庁審査官■■■■■■■殿

【事件の表示】

　　【出願番号】　　意願２０１７－■■■■■

【意匠登録出願人】

　　【識別番号】　　■■■■■■■

　　【氏名又は名称】　■■■■■■■

【代理人】

　　【識別番号】　　１１０００１４２７

　　【氏名又は名称】　特許業務法人前田特許事務所

　　【代表者】　　　前田　　弘

　　【電話番号】　　０６－４７９６－９９５５

【発送番号】　　　　１１７４４２

【意見の内容】

１．拒絶理由の要点

　審査官殿は、『「■■■■■■■」の文字からなる本願商標は、これをその指定商品に使用するときは、これに接する取引者、需要者が、当該文字を「商品の型式等が■■であるビーズ」であることを表したものと容易に認識するにとどまり、自他商品の識別機能を有するものと認められないものです。』と認定されております。

２．本願商標が登録されるべき理由

しかしながら本出願人は、本願商標は「商品の型式等が■■であるビーズ」であることを表したものではないと思料しますので、以下に説明をいたします。

　（1）本願商標について

　本願商標は、「■■■■■■■」と標準文字で表記しており、第14類「宝飾品製造用ビーズ」、第26類「手芸用ビーズ」を指定して、平成29年2月28

105

　商標の場合は、商標や指定商品・役務の形式的な記載内容について反論することも多いのですが、実際の使用状態等を反論材料にしていくこともあります。これは商標が現実の使用状態を重視して保護されるものだからです。

　よって、書面内容だけで形式的に判断すると、権利化できないようなものでも事実上の証拠を提出することで、登録されることもあります。こうした点を意識して意見書を作成するようにしてください。

　また、手続補正書を作成する場合もありますが、商標の場合には指定商品・役務を削除する補正しかできません。

　よって、出願時と状況が変わって、商標を修正する場合、又は指定商品・役務を増やしたいと思った場合には、別途、新たに商標出願するようにしてください。

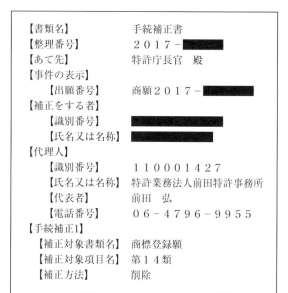

```
【書類名】        手続補正書
【整理番号】      ２０１７－████
【あて先】        特許庁長官　殿
【事件の表示】
　【出願番号】    商願２０１７－████
【補正をする者】
　【識別番号】    ████
　【氏名又は名称】████
【代理人】
　【識別番号】    １１０００１４２７
　【氏名又は名称】特許業務法人前田特許事務所
　【代表者】      前田　弘
　【電話番号】    ０６－４７９６－９９５５
【手続補正１】
　【補正対象書類名】商標登録願
　【補正対象項目名】第１４類
　【補正方法】    削除
```

（5）拒絶査定（商標法15条）

　結局、拒絶理由を解消できなかった場合は、商標の場合も、次ページのような拒絶査定の書面が送付されてきます。この拒絶査定の書面も、「理由」以下に記載されている部分が大事です。ここに、審査官がどのように考えて拒絶査定を下したかが記載されているからです。

　なお、商標も、特許や意匠と同様、拒絶査定に不服がある場合には、拒絶査定不服審判を請求することができます。この時のポイントも、この拒絶査定の「理由」以下に記載されている事項に即して反論していきます。

拒絶査定

商標登録出願の番号	商願２０１７－■■■■■
起案日	平成３０年　３月２０日
特許庁審査官	■■■■■■■■■■■■■■■
指定商品又は指定役務並びに商品及び役務の区分	
第14,26類	
願書のとおり	
商品及び役務の区分の数	２
商標登録出願人	■■■■■■■■
代理人	特許業務法人前田特許事務所

結　論

　この商標登録については、商標法第１５条の規定に基づき、商標登録をすることができません。

理　由

　この商標登録出願（以下「本願」といいます。）については、平成２９年７月１３日付け拒絶理由通知書で通知した理由（本願に係る商標〔以下「本願商標」といいます。〕は、商標法第３条第１項第６号に該当する。）が解消されていないため、商標登録をすることができないとの判断に至りました。

　出願人は、意見書において、本願のような商品名の前に欧文字１文字が付されている商標は、その欧文字が型式や品番を表すのではなく、全体で一体の商標であるものと思料する旨種々述べています。

　しかしながら、拒絶理由通知書において提示したとおり、本願商標は、「■■■■■■■」の欧文字を表示してなるところ、その構成が、欧文字の大文字１字「■」と欧文字「■■■■■■■」とを空白を介して表示してなるので、「■」と「■■■■■■■」の欧文字を組み合わせてなるものと容易に看取、認識されるものです。

　そして、「■」の欧文字は、欧文字１字を標準文字で表示してなるものですから、極めて簡単で、かつ、ありふれた標章であり、「■■■■■■」の欧文字は、本願指定商品「ビーズ（ビーズ【beads】室内装飾・婦人服飾・手芸品などに用いる、糸通し孔のついた小さな飾り玉。「広辞苑第六版」）」の意味を有するものとして一般に親しまれているものですから、当該商品の普通名称又は品質を表示するものです。
　そうすると、「■」と「■■■■■■」それぞれの欧文字は、本願指定商品との関係において、自他商品の識別機能を有するものと認め難いものです。

　また、本願商標は、全体で一体の商標として見ても上記とは別の語義や観念が生ずるものと見る特段の事情は見受けられません。

　よって、本願商標は、これを本願指定商品に使用しても、自他商品の識別機能を有すると認め難いものです。

　したがって、本願商標は、需要者が何人かの業務に係る商品であることを認識することができない商品ですから、商標法第３条第１項第６号に該当します。

（6）登録査定（商標法16条）

　一方、拒絶理由を解消した場合、又はそもそも拒絶理由がない場合には、下記のような登録査定の書面が送付されてきます。

登録査定

意匠登録出願の番号　　　　意願２０１７－０２８３１１
起案日　　　　　　　　　　平成２９年　７月２０日
特許庁審査官　　　　　　　████████████████████
指定商品又は指定役務並びに商品及び役務の区分
　　第14,26類
　　　願書のとおり
商品及び役務の区分の数　　　２
商標登録出願人　　　　　　トーホー株式会社
代理人　　　　　　　　　　特許業務法人前田特許事務所

　　この商標登録出願については、商標法第１６条の規定によって商標登録の査定をします。

上記はファイルに記録されている事項と相違ないことを認証する。
認証日　平成29年7月20日　経済産業事務官　████████

注意：この書面を受け取った日から３０日以内に登録料の納付が必要です。

　この登録査定の書面では、「商標法第16条の規定によって」という文言が気になりますが、この16条も「拒絶の理由を発見しないときは、商標登録をすべき旨の査定をしなければならない」と規定しています。特許や意匠と同様、審査官は、あくまで拒絶理由の有無を判断して査定を下しているにすぎないのです。

（7）商標公報［商標登録公報］（商標法18条２項）

　商標登録されると、次ページに示すような商標公報が特許庁から発行されます。

　また、商標公報も意匠公報と同様に、旧来の「公報」形式のものではなく、出願書面の形式のまま発行されます。まず、公報の上から４行目の（111）に、この商標の登録番号が記載されます。「商標登録第5973178号」というのが、この商標の登録番号です。

　商標も、登録番号は、登録年度に関係なく１から順番に付与され、その他は、出願書面の内容のままで発行されます。

（１９０）【発行国・地域】日本国特許庁（ＪＰ）
（４５０）【発行日】平成２９年９月１２日（２０１７．９．１２）
【公報種別】商標公報
（１１１）【登録番号】商標登録第５９７３１７８号（Ｔ５９７３１７８）
（１５１）【登録日】平成２９年８月１８日（２０１７．８．１８）
（５４０）【登録商標】

（５００）【商品及び役務の区分の数】２
（５１１）【商品及び役務の区分並びに指定商品又は指定役務】
第１４類　宝飾品製造用ビーズ
第２６類　手芸用ビーズ
【国際分類第１１版】
（２１０）【出願番号】商願２０１７－２８３１１（Ｔ２０１７－２８３１１）
（２２０）【出願日】平成２９年３月６日（２０１７．３．６）
（７３２）【商標権者】
【識別番号】５９２０１１０３３
【氏名又は名称】トーホー株式会社
【住所又は居所】広島県広島市西区三篠町２丁目１９番６号
（７４０）【代理人】
【識別番号】１１０００１４２７
【氏名又は名称】特許業務法人前田特許事務所
【法区分】平成２３年改正
【審査官】大塚　順子
（５６１）【称呼（参考情報）】タカラ、ホー
【検索用文字商標（参考情報）】宝
【類似群コード（参考情報）】
第１４類　２１Ａ０２、２１Ｂ０１、２１Ｄ０１
第２６類　２１Ｂ０１
（５３１）【ウィーン分類（参考情報）】１．３．１；１．３．１３；１．３．１８；２６．１３．２５．５；２７．１．１；２７．１．２５；２７．５．１．３０；２７．５．２１；２９．１．４．２；２９．１．１１

　以上が、権利化手続きの中で出てくる主要な書類です。

4．その他の特殊な出願制度

次に、特殊な出願制度について説明します。

（1）団体商標制度（商標法7条）

社団法人等の構成員に対して使用させる商標について登録を認める制度です。

本来、商標は、自己が使用している又は将来使用する商標を保護する制度ですが、社団法人等、自ら事業を行わないような団体では、その原則を貫くと不都合が生じます。そこで、自己が使用しない商標についても、社団法人等の団体に限り保護を認めるため、この制度が設けられています。

（2）地域団体商標制度（商標法7条の2）

これは、地域の組合を構成する構成員に対して使用させる商標について登録を認める制度です。地域おこしを主眼に認められた制度であり、（1）の団体商標制度と同様に、自己が使用しない商標についても、特定の組合に限り保護を認めています。

通常の団体商標制度と異なるのは、商標そのものの登録要件が緩やかになっている点です。地域団体商標では「地域名」＋「商品名」でも登録できます。通常の商標の場合は、「地域名」は識別力がないと判断されて、「商品名」も識別力がないとされているため、登録することができません。

しかし、地域団体商標の場合は、地域おこしを主眼として保護を認めているため、こうした識別力がない言葉の組み合わせの商標についても、例外的に登録することを認めています。

（3）立体商標制度（商標法5条2項）

識別力がある立体的な形状に対して、商標として保護を認める制度です。例えば、ファストフード店の前にある人形や、ある飲料の容器など、その形を見ればどこの商品又はどこの役務であるかが認識できるような場合は、その立体的形状には識別力があるため、その立体的形状について商標登録を認めるのです。

この立体商標制度は、従来、意匠権でしか保護できなかった物品等の形態を、商標権でも保護できるようになった点で画期的です。特に、意匠権は出願日から25年という期間の制限があるのに対し、商標権の場合、半永久権として存続する点で、かなり強力な権利になります。

自社の商品形態等が使用によって周知性が上がり、識別力が高まったと思った場合は、この立体商標制度を利用して自社の商品等の保護を図ってもよいと思います。

（4）防護標章制度（商標法64条）

この制度は、登録商標の周知性が高まり、その登録商標が極めて有名になったような場合に、登録商標の指定商品・役務からみて非類似の商品・役務についても、登録を認めることで、この著名な登録商標の保護を高めるものです。

この防護標章制度によると、指定商品・役務に関係なく、その登録商標（マーク）に似た商標の使用を排除できるため、商標を管理する知財担当者としては、この防護標章で保護される状況を作り出したいところです。

しかし、この防護標章を登録するためには、かなりの著名性が必要なので、通常の登録商標では、かなりハードルが高いと思ってください。

なお、この防護標章を登録するためには、基本とする登録商標が存在することが必要です。よって、登録商標が年金未納等で消滅等した場合には、この防護標章登録も消滅することになります。

また、この防護標章が「商標」ではなく「標章」なのは、防護標章で登録した指定商品・役務については使用することが求められていないためです。よって、防護標章で登録されたものが、不使用取消審判で取り消されることはありません。

5. 商標権の効力

商標登録がされると、出願した商標は商標権で保護されます。そして、この商標権を第三者が侵害すると、特許権や意匠権と同様に、差止請求と損害賠償請求等を行うことができます。

（1）効力が及ぶ範囲

では、この商標権の効力は、どこまで及ぶのでしょうか？　商標の場合、効力に関する条文が2つに分かれています。

まず、商標法25条では「商標権者は、指定商品又は指定役務について登録商標の使用をする権利を専有する」と規定されています。

また、商標法37条1号では次のように規定されています。

「次に掲げる行為は、当該商標権又は専用使用権を侵害するものとみなす。

1．指定商品若しくは指定役務についての登録商標に類似する商標の使用又は指定商品若しくは指定役務に類似する商品若しくは役務についての登録商標若しくはこれに類似する商標の使用」

このように、商標法25条では、商標権者が指定商品又は指定役務について登録商標を使用する権利の「専有」を定める一方、商標法37条1号では、指定商品・役務に類似する範囲又は登録商標に類似する範囲の商標の使用について商標権を侵害するものと「みなす」としています。すなわち、商標法25条では商標権の核心をなす部分を保護しつつ、商標法37条1号でその周囲の部分（類似範囲）を保護しているのです。

ここで、商標法25条で保護が及ぶ範囲を「**専用権**」と言い、商標法37条1号で保護が及ぶ範囲を「**禁止権**」と言います。

この内容を図で表すと、下図のようになります。

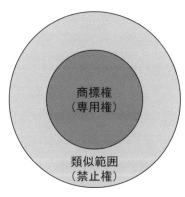

（2）専用権と禁止権

専用権（商標法25条）とは、「指定商品又は指定役務」について、「登録商標」の独占的な使用が認められる権利のことです。

この専用権の効力として、仮にその商標権者の商標の使用が他人の登録商標の類似範囲の使用であったとしても、専用権の範囲内であれば、その商標の使用は制限されないということが挙げられます。

商標には、特許や意匠のように自己の権利範囲の実施が制限される「利用関係」という考え方が存在しないため、権利を有している以上、他人からの権利行使を受けないのです。このことは、商標権を取得する大きなメリットです。

一方、禁止権（商標法37条1号）とは、「指定商品又は指定役務」の類似範囲及び「登録商標」の類似範囲で、他人の使用を排除できる権利のことです。

この禁止権の効力として、類似範囲まで他人の商標の使用を排除することができます。しかし、意匠のように独占実施できる効力までを有するものではありません。

これは、商標も意匠と同様に類似の範囲まで実施できるようになると、商品・役務の混同が生じる場合が多くなり、権利相互間の権利調整が難しくなるためです。

このように、商標の効力は、「専用権」と「禁止権」という考えの下、登録商標の使用の保護を図りつつ、侵害する商標に対する権利行使を認めています。

なお、商標権は使用しなければ、不使用取消審判で取り消されてしまいますが、「専用権」の範囲内の使用でなければ、登録商標を使用したことにはなりません。

よって、商標出願の際には、できるだけ実際に使用している、又はこれから使用すると思われる商標について、指定商品・役務も考慮して出願する必要があります。

（3）商標とは（商標法2条）

「商標」とは、業として、商品の譲渡等又は役務を提供等する者が、商品・役務等に使用する、文字、図形、記号、立体的形状、これらの結合、音その他政令で定めるものを指します。平成27年3月までは、視覚的に認識できるものが「商標」でしたが、平成27年4月からは聴覚で認識できるものまでが「商標」となりました。

　また、「業（一定の目的の下に継続反復する行為）として」使用するものが、商標であり、個人的に使用するものは商標ではありません。例えば、個人的に有名ブランドのマークを服にプリントして、それを着ても商標の使用には該当しません。一方、営利目的かどうかは問われないため、個人的に複数の友人に有名ブランドのマークを服にプリントして渡した場合、「商標」の使用に該当する可能性があります。

（4）商品とは

「商品」に求められる要件とは、「商標法上の取引の対象として流通過程に乗り、ある程度の量産が可能な有体動産のこと」です。以下、要件ごとに概説します。

① 取引の対象となり、流通過程に乗ること

　　商標は取引対象の識別標識なので、ノベルティ商品等は、商標法上の「商品」には該当しません。また、商標は、流通過程において、その効力を発揮します。よって、飲食店で提供される料理等は、商標法上の「商品」には該当しません。

② ある程度の量産が可能であること

　　商標は多数流通する同質物の識別標識です。よって、一品制作品等は、商標法上の「商品」には該当しません。

③ 有体動産であること

　　無体物や不動産に商標を付して流通に乗せることはできません。よって、商標法上の「商品」は有体動産に限られます。

（5）役務とは

「役務」とは、他人のために行う労務又は便益であって、独立して商取引の目的になるもののことです。ただし、小売及び卸売の業務において行われる顧客に対する便益の提供も例外的に役務になります。一般に言う「サービス業」のことです。

この中で、「独立して商取引の目的」とは、労務や便益それ自体で対価が得られることを指します。例えば、広告業、金融業、建設業、通信業、運輸業、病院、学校、代理業等がこれに当たります。

逆に、対象とならないものとして、家庭内での家事、社内研修活動、出前サービス等が挙げられます。

6. 商標の類似（禁止権の範囲）

では、商標の類似は、どのように判断するのでしょうか？

（1）商標自体の類似

商標の類似とは、同一又は類似の商品・役務に、その商標が使用されると、商品又は役務の出所の混同が生じる程度に近似していることをいいます。

そして、**外観・称呼・観念**、この3つの要素で判断します。

まず、「外観」とは商標の見た目です。例えば、「ライオン」と「テイオン」が外観上類似の商標となります。また、「称呼」とは商標の呼び名です。例えば、「NHK」と「MHK」が称呼上類似の商標となります。さらに、「観念」とは商標の意味です。例えば、「KING」と「王様」が観念上類似の商標となります。

この類似の判断は、原則として商標の全体で行いますが、「要部」に識別力がある場合には分離観察（要素を分解して、それぞれで判断する方法）を行います。

（2）商品（又は役務）の類似

商品（又は役務）の類似とは、同一又は類似の商標を使用すると、商品（又は役務）の出所の混同が生じる程度に商品（又は役務）が近似していることを指します。

例えば、シャンプーに「月光」という商標を付した場合、リンスに「月光」という商標が付されたものがあるとすると、「シャンプー」と「リンス」は同一のメーカーが作っていると混同が生じる可能性があります。こうした場合、商品「シャンプー」と商品「リンス」は類似すると判断されます。役務同士の類似も同様に考えます。

　そして、その商品（又は役務）の類否判断は、取引実情を考慮して総合的に判断します。例えば、生産者・提供者が一致するか、販売場所・提供場所が一致するか、需要者が一致するかなどを総合衡量して判断を行います。

　もっとも、その判断は、商標の類否判断よりは問題が生じることがありません。なぜなら、「類似商品・役務審査基準」という冊子である程度明確にされているからです。ただし、裁判ではこの基準が覆されることもあります。「類似」という法律解釈の最終判断は裁判所が行うためです。

（3）具体的な商標の類否判断の手法

　では、具体的な商標の類否判断はどのように行うのでしょうか？

① 基礎的な判断要素

　まず、基本的な判断要素として、a．外観が同一類似か否か、b．称呼が同一類似か否か、c．観念が同一類似か否かを判断して、a〜cのいずれかが同一類似であれば、商標は、対象商標と原則的に類似すると判断します。

　もっとも、これだけでは商標の類似は定まりません。商標は使用することによって価値が生じるものであるため、この商標の「使用状態」を考慮して、追加的な判断を行います。

② 追加的な判断要素

　「外観」「称呼」「観念」の総合判断をして、商品・役務の出所の混同が生じるか否かを、「取引の実情」に照らして判断します。「取引の実情」とは、実際に市場に2つの商標を付した商品・役務があった際に、需要者が間違えて商品・役務を選ぶか？　という視点で検討します。このため、広告宣伝の状況、需要者の違い、販売場所、需要者のアンケート等々、出願書面では分からない情報をしっかりと把握した上で行います。以上のステップを経て、最終的に商標が対象商標と類似するか否かを決定します。

③ 実際の類否判断について

　特許庁での審査段階では、基礎的な判断要素だけで判断されることが多く、裁判所での訴訟段階では、追加的な判断要素を付加して判断されることが多いようです。これは、訴訟の段階では、商標の使用状態（取引の実情）が把握しやすく、実態に即した判断が可能だからです。

　商標を担当する方は、まず原則的に、基礎的な判断要素で商標の類否判断が行えるようにしておけば大丈夫です。そして場合によって、追加的な判断要素等を考慮して類否判断を行う、と考えておけばよいと思います。

　ただし、権利侵害等で行う商標の類否判断は、追加的な判断要素で「取引の実情」という出願書面では分からない事情も考慮する必要があるため、非常に難しい判断を迫られる場合もあるでしょう。

　また、商標の場合は、**商標の使用状態によって、人の認識度合いが変化するため、時代によって、類似範囲が変わります。**

　例えば、同じ商標であっても、CM広告を大量に行って商標（マーク）を多く使用した場合には、商標の認知度が高まって類似範囲が広がるものの、その後、CM広告をやめて商標（マーク）をほとんど使用しなくなった場合は、商標の認知度がなくなって、逆に類似範囲が狭くなってしまいます。

　このようなことは、意匠では起こりません。このため、商標の類否判断は意匠の類否判断よりもさらに難しいと思います。例えば、商標の判例で有名な「小僧寿し事件」（最高裁平成9年3月11日判決）では、明らかに類似すると思われるような商標であっても、非類似との判決が下されました。

以上を踏まえて、商標を担当する方は、商標の類否判断に、自社商標の使用状態が考慮されることに注意して、商標権を管理してください。

7．商標権の権利行使の制限

最後に、商標特有の問題である権利行使の制限について説明します。

特許や意匠の場合、過誤登録の結果、権利が消滅又は権利行使が認められないことがありますが、商標の場合は、審査自体は間違っていなかったにもかかわらず、権利行使が認められないこともあります。これは、商標それ自体に価値がないため、権利行使に一定の制限がかかるからです。

以下が、権利が消滅する場合や、権利行使が認められない場合です。

① 不使用取消審判による権利消滅（商標法50条）

商標登録後に継続して３年間、指定商品等に登録商標を使用していない場合、不使用取消審判を起こされると商標権が消滅します。このため、商標権は、使うことを前提に取得するようにしましょう。

② 権利濫用の抗弁

これは、先ほどの「小僧寿し事件」の際に最高裁が認めた抗弁です。民法で認められる抗弁ですが、「最後の抗弁」と言われるぐらい、通常は、認められない抗弁です。なぜ、それを商標権で認めているのかというと、「商標は、使わなければそもそも価値がないものである」ということを間接的に示唆しているのではないかと思います。

③ 損害不発生の抗弁

これも、「小僧寿し事件」の際に最高裁が認めた抗弁です。形式的に侵害していても、損害が生じていないから、損害賠償は認められないという抗弁です。商標ではこのような抗弁も認められています。

④ 商標的使用でない使用に対する権利行使の制限

これも、形式的に商標権を侵害しているように見えたとしても、商標の機能である自他商品識別機能等を害していないため、商標権侵害とは認められないとするものです。

　例えば、ブドウに「巨峰」という品種があります。ある人が、この巨峰を入れる段ボール箱に「巨峰」と記載しました。このとき、指定商品「段ボール箱」の登録商標「巨峰」の商標権者が、権利行使しようとしても権利行使は認められません。これは、「巨峰」という文字が内容物を表示しているだけで、段ボール箱を識別するために使われていないためです。

⑤ 普通名称化したことによる権利行使の制限

　「エレベーター」のように商標登録されていた商標であっても、広くその商品・役務の名前として使用されて「普通名称」のように使用されると、商標の商品役務識別機能を欠くことになり、商標権があったとしても、権利行使が認められなくなります。知財担当者としては、自社の商標が普通名称化しないように、注意を払う必要があります。

　このように商標は、特許や意匠と異なり、権利行使の制限があるということを、知財担当者として認識しておいてください。

Ⅴ 契 約

1．契約業務の担当部門

契約業務の担当部門は、各企業によってさまざまです。法務部門が知財部門とは別にあり、「契約」と名の付くものは、全て法務部門が担当して知財部門は関与しない企業、又は法務部門があっても、知財に関係するものや開発に関連する契約については知財部門が関与する企業、さらには、知財部門と法務部門が一体となって契約についても全て知財担当が担当する企業等、企業ごとにどの部門が契約業務を担当するかは異なります。

この本は、知財担当者のためのマニュアル本なので、あくまで知財に関わる契約を中心に解説します。法務部門が一体になっていて、契約業務全般を行う方にとっては、やや物足りないかもしれませんが、適宜、法務に必要な知識を補充していただければと思います。

2．契約業務を行う前に

理系出身者にとって、契約書のチェックや作成は、避けて通りたい業務の一つだと思います。「甲」や「乙」という普段使わない漢字が出てきたり、文章も「第何条第何項第何号」など、条文の形で書かれており、抵抗を感じる方も多いと思います。私自身もそうだったのでよく分かります。

しかし、契約の重要性や契約書の読み方を理解すると、自然に契約書のチェックや作成が楽にできるようになりました。

そこでまず、契約の重要性と契約書の読み方について説明します。

（1）契約の重要性

「契約が重要である」と聞くことがあると思いますが、なぜ重要なのでしょうか？

明確に答えられれば問題ありませんが、なかなか明確に答えられる方は少ないのではないでしょうか？

これは、契約の「法的な効力」をしっかりと理解されていないためだと思います。大学などで法学をきちんと学んでいる方には常識なのですが、理系出身者は理解されている方が多くないと思います。そこでまず、この点から説明します。

一般に複数の人が存在する世界では、当事者同士で取り決め（ルール）がないと争いが生じ、腕力の強い者が勝ってしまいます。そこで、腕力ではなく理性的に争いを解決するために、一定のルールを定めることになります。

もっとも、ルールといってもさまざまです。私人間の争いを規律する民法や、発明等の取り扱いを規定する特許法、さらには私人間で交わされる契約等が、これらのルールです。その中で、規定内容に矛盾や違いがあったら、どの規定を適用すればいいのでしょうか？

これが「法的な効力」の問題です。

例えば、発明者Ａさんと発明者Ｂさんとの協力によって、特許権Ｘが取得できました。このとき、特許権Ｘは、ＡさんとＢさんの「共有」です。この取り扱いについて考えてみましょう。

この際、共有に関する規定としては、民法には249条に「共有」が、特許法には73条2項に「共有」があります。また、ＡさんとＢさんは2人の間では契約を定めました。この場合には、民法、特許法、契約書という3つのルールが存在することになります。

このとき、最も効力が強いルールはどれでしょうか？

通常の場合、契約書に従って物事を進めますが、争いが生じた場合には、特許法又は民法の規定で救済されると思っていませんか？

すなわち、最も効力が強いのは、特許法又は民法であって、契約の内容よりも法律のほうが優先されると思っていませんか？

しかし、法的には「私的自治（私人間のことは、自分たちで決めること）の原則」から、契約の効力が最も強いのです。このことをもう少し分かりやすく説明します。

まず、私的自治の原則から契約が法律に優先します（民法91条）。そして、民法は一般法で、特許法は特許に関する特別法です。

よって、特許等に関する効力は、**契約＞特許法＞民法**ということになります。

このことを図に表すと、下図のようになります。

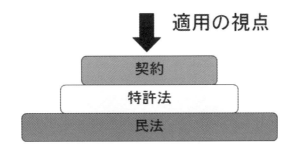

この図に示す、いわゆる「鏡もち」のように、一番下に大きな「民法」が存在して、その上に中程度の「特許法」が存在して、一番上に小さな「契約」が存在するのです。そして、この「鏡もち」を上から覗き込むようにして「適用の視点」を考えると、効力の関係が分かります。

すなわち、争いが生じた場合には、まず「契約」が優先的に適用されます。そして、契約を定めていない事案があったら、特許法が適用されて、さらに、特許法にも定めていない事案であれば、民法が適用される、と考えていくのです。

先ほどの事案では、AさんとBさんとの間では、特許権Xの取り扱いを契約で定めているため、いくら特許法や民法の規定があったとしても、契約の内容が優先されることになります。

したがって、AさんとBさんの間で争いが生じ、裁判所に訴えを起こしたとしても、契約が優先されるため、いくら民法や特許法に規定があったとしても、これらの規定では救済されません。

　もっとも、例外もあります。それは契約よりも法律の規定が優先する「強行法規」の場合です。特許法では、「職務発明の相当の利益」の規定が強行法規だと考えられています。ただ、「考えられています」として断定しないのは、「強行法規か否か」は、明文化されていないことが多く、裁判所が判断することが多いからです。「職務発明の相当の利益」も判例で認められた強行法規です。

　このように、**強行法規に関すること以外は、原則的に、契約が全てのルールの中で最も優先して適用**されます。こうしたことから、「契約が重要」なのです。

（2）契約書の読み方

　契約書の読み方も、先ほどの「鏡もち」の図を頭の片隅に置いておけば、比較的楽に読めます。

　この「鏡もち」の図を前提にすると、当事者間で起こり得る事象の全てを契約書で規定する必要はありません。契約書で規定しなくても、基本的なことは、特許法や民法の規定で処理できるからです。契約書には、法律に規定されていない内容や、法律の内容を修正したい場合に規定すれば足りると考えてください。

　さらに、相手方が作成した契約書をチェックする場合も、特許法や民法等と見比べて、どのように違うのかを確認すれば、相手方が何を修正したいのか、又は新たに何を追加したいのかも分かります。これは、相手方の出方を知るためにも有効な読み方です。加えて、こうした契約書の読み方をすると、相手方の法律知識も、ある程度つかむことができます。

　法律と同じ内容が契約書に規定されている場合は、相手方が「鏡もち」の図のことをよく理解していないと推測できます。これは、相手方が法律と契約の関係性を十分に理解していないことを表す事象なので、次に行う契約交渉も、このことを前提に行えばいいと思います。

　このように、契約書の読み方についても、「鏡もち」の図を利用することで、かなり読みやすくなり、また、相手の法律知識も事前に推測できます。ぜひ、こうした契約書の読み方を行ってください。

3. 契約とは

　「契約」とは、複数当事者の相対立する意思表示の合致によって成立する法律行為のことです。ここで、「意思表示」とは、ある事象について当事者がこのようにしたいと思って表示（発言や表現）する行為のことを指します。

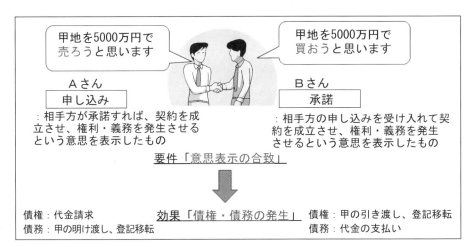

甲地を5000万円で売ろうと思います

甲地を5000万円で買おうと思います

Aさん　　申し込み
：相手方が承諾すれば、契約を成立させ、権利・義務を発生させるという意思を表示したもの

Bさん　　承諾
：相手方の申し込みを受け入れて契約を成立させ、権利・義務を発生させるという意思を表示したもの

要件「意思表示の合致」

債権：代金請求　　　　　効果「債権・債務の発生」　　　債権：甲の引き渡し、登記移転
債務：甲の明け渡し、登記移転　　　　　　　　　　　　　債務：代金の支払い

　上図で、AさんとBさんは、甲土地の売買契約を結んでいます。

　Aさんは「甲土地を5000万円で売ろうと思います」という申し込みの意思表示をして、それに対して、Bさんは「甲土地を5000万円で買おうと思います」という承諾の意思表示をしました。この2つの「意思表示が合致する」ことで、契約が成立します。契約が成立すると、「債権・債務が発生する」という効果が発生します。

　ここで、債権とは特定の人に特定の行為を要求できる権利、債務とはその債権に対応した債権者に対する義務、と考えてください。通常、借金のことを債務と言いますが、民法ではもっと広い意味で「債権」「債務」という言葉を使うので、契約書を読むときも誤解しないでください。

　上の事例では、Aさんは5000万円の代金請求という債権を取得します。それと同時に、甲土地の明け渡しと登記移転という債務も負います。

　一方、Bさんは、甲土地の引き渡しと登記移転という債権を取得するとともに、5000万円の代金支払いという債務を負うことになります。

どのタイミングで甲土地の明け渡しを行うか、5000万円の金銭はいつ支払うか等の細目について、ＡさんとＢさんとで決めると思います。こうした細目の取り決めも契約になります。

さらには、甲土地の所有権がいつ移るかについて決めることもできます。

なお、民法の原則によると、甲土地という「特定物売買」なので、契約成立時点で、Ｂさんが甲土地の所有権を取得することになります（民法176条）。

４．契約自由の原則

契約業務を行う上で、大事な原則があります。それが「契約自由の原則」です。

契約自由の原則とは、**私的自治の下、契約の締結、内容、方式を国家の干渉を受けることなく、当事者が自由にすることができる**とする原則です。

この契約自由の原則には、① 契約締結の自由（契約するか否かを決める自由）、② 相手方選択の自由（誰と契約するかを決める自由）、③ 契約内容の自由（契約の中身を自分たちで決める自由）、④ 契約方法の自由（契約形式を自分たちで決める自由）があります。

ここで、意外と思われるかもしれませんが、④ 契約方法の自由があることで、契約の成立には必ずしも「契約書」は必要ありません。当事者同士が合意すれば、契約書を作らなくても契約は成立します。すなわち、「口頭」だけでも契約は成立するのです。

例えば、コンビニでジュースを買う場合に、契約書を作りますか？　通常は、作りませんよね。このジュースを売買する行為も立派な売買契約ですが、これは、当事者の間で「契約書を作らない」という「黙示の合意」があるため、契約書を作っていないだけなのです。

５．契約書

（１）契約書の役割

では、契約書の役割とは、何でしょうか？

「契約方法の自由」があるなら契約書には意味がないのではないか？　と思ってしまいますよね。確かに、契約書の作成は、契約の成立には関係ありません。

しかし、口約束は簡単に破られるおそれがありますし、実際、そうしたことはよく起こり得ます。また、人の記憶は不確実なので、当事者の間で「言った／言わない」ということで争いになる場合もあります。

そこで、契約書は「契約の当事者、合意内容を書面に表したもので、契約内容の確認、記録、保存、証明に必要なもの」として考えられています。そして、契約書は書面として残り、その後の紛争解決の手掛かりや、契約違反の予防を図るといった実質的な効果が得られるため、通常、大事な契約には契約書が作成されています。

（2）契約書の成立要件

当然、契約書を作成するからには、有効なものにしなければなりませんが、有効な契約書にするには、以下の5要件が必要です。

（ア）当事者が特定されていること

（イ）契約対象が特定されていること

（ウ）債権・債務関係が明確にされていること

（エ）効力発生要件が明確であること

（オ）書面が真正であることを証明できること（署名押印があること）

この中で、分かりにくいのは、（エ）の「効力発生要件」だと思います。これは、債権・債務が発生する条件（時期など）のことです。

「効力発生要件」が明確でないものは、例えば出世払いの借金です。

「出世した時に返してくれればいいよ」というときの、「出世した時」とはいつになるのでしょうか？　「出世」が効力発生要件であるとすると、何をもって「出世」とするのかも不明確です。よって、「出世払い」のように曖昧な条件を付した契約書は、有効な契約書にはなりません。

こうした5つの要件があることで、契約書として有効になります。

（3）書面の種類

　契約書には、「契約書」や「約定書」、さらには「覚書」「協定書」「申合書」「念書」等、さまざまな表題のものがありますが、法的な効果としては、全て「合意した内容を表す書面」という位置づけなので、裁判において、効力に差は生じません。すなわち、いずれであっても大事な「契約書面」なのです。

　もっとも、相手方との関係性を重視して表現をやや緩やかにしたいときや、逆に、強制力を高めるため厳しくしたいときなどには、表題をそれぞれに対応して変えてもいいと思います。

（4）作成時の留意点

　契約書を作成する場合には、以下の点に注意してください。

① 文言の正確性

　文言は正確に記載して、解釈上の疑義を残さないようにします。これは、相手方だけでなく、将来、裁判所でも読まれる可能性がある書面だからです。

② 文言の簡潔、平易、明瞭性

　文言は、誰が見ても分かるように表現します。

　例えば「特許請求の範囲」のような分りにくい記載にならないように、一文はできるだけ短文になるように記載します。

③ 標準契約書（ひな形）や項目チェック表の利用

　契約書の作成を一から行うのは大変です。また、どうしても項目落ちが起こります。そこで、定期的に使うような契約書については、ひな形などを準備しておきましょう。

④ 相手方に遵守してもらう事項の列挙（草案の段階）

　その契約において重要な事項についてはあらかじめメモ書きをしておいて、契約書作成の際に、落とさないように気を付ける必要があります。

⑤ 客観的な立場で読み直し

　契約書案が完成すると、相手側にこちらの考えがどのように伝わるかを考慮して、読み返すようにしてください。ここで一方的にこちら側に有利な条項ばかりになると、契約交渉において、相手方の気持ちを硬化させてしまい、交渉がうまくいかなくなる可能性があります。

　こうした事態をできるだけ避けるため、契約書案は第三者的な観点で読み直すようにしてください。

（5）契約交渉のテクニック

　契約書を作成したあとは、契約交渉です。この契約交渉をうまく進めることも、知財担当者に必要な能力です。この契約交渉の進め方によって契約書の内容が決まるため、極めて重要です。

　契約交渉のテクニックとして、次の7つの項目を意識して契約交渉を進めてください。

（ア）事前に基本方針を固める

（イ）契約書案はできるだけこちらから提案する（交渉を有利に進めるために）

（ウ）第三者的な観点で双方の立場を考慮し、「平等」を意識しながら交渉する

（エ）こちらが不利になる条項を提案する場合は駆け引きの道具として使う

（オ）訓示的規定と実効的規定とを区別して、訓示的規定にはこだわらない

（カ）相手との関係性（取引先・納入先等）を考慮した上で条項修正の駆け引きを行う

（キ）相手にこちらの主張を納得させるため、客観的に妥当な理由をあらかじめ準備しておく

　この中で特に大事なのは、（ウ）の平等を意識する点と、（キ）の客観的に妥当な理由を準備しておくことです。

　契約には、常に相手方が存在します。このとき、こちらばかりが有利になる形になると、相手方も同意しにくくなります。できるだけお互いが WIN−WIN の関係になるように努力することで、契約交渉をうまく進めることができます。この点を十分に理解して、契約交渉に当たるようにしてください。

（6）立場が弱い時の交渉ステップ

　契約交渉で難しいのは、こちらの立場が弱い時の交渉です。例えば、下請けのような立場で契約交渉に当たる場合です。このような場合、立場上、反論できないからどうしようもないと思われている方もいるでしょう。しかし、大事な自社の知財等の財産を守れるのは、知財担当者のあなたしかいません。少しでも修正してもらえる可能性があるのなら、交渉していくべきでしょう。

　次の6つのステップで交渉していきます。

① 「不利な契約書が提示されることが当然」という視点で契約内容を検討する

② 「絶対に譲れない条項」を数点（経験上、3点くらい）ピックアップする

③ 譲れない点について相手方と交渉する←できれば対面で

④ 落としどころ（合意点）を予測して交渉を進める

⑤ その場で合意せず、いったん持ち帰る（ケース・バイ・ケースで合意してもOK）

⑥ 最後は「てにをは」「玉虫色条項」の交渉になるが「リスク」を認識して合意

　このステップでポイントとなるのは、②の「絶対に譲れない条項」を数点（経験上、3点くらい）ピックアップすることです。

　契約交渉においては、通常、立場が弱いと不利な契約書が提示されます。表面上、平等に見えても、実質的には不利な条項があります。こうした不利な条項も、経験を積めば積むほど発見できるようになってきます。

　とは言うものの、その不利な条項を、全て交渉のテーブルに上げても、なかなか交渉はうまくいきません。そこで、「絶対に譲れない」という条項を数点見つけて、その条項だけを交渉していくのです。

　この「絶対に譲れない条項」とは、企業の状況にもよりますが、多くは「金銭に関する条項」だと思います。一方的に支払額が決められたり、一方的に遅延損害金が発生したり、支払期日が急に短くなったりするなど、このような金銭に関する条項は、直接、企業資金に関わるため、企業経営に悪影響を及ぼします。こうした条項については「絶対に譲れない条項」としてピックアップしてください。

　なお、知財担当者は「絶対に譲れない条項」と言われると、どうしても「知財関係の条項」に目が行ってしまうと思いますが、知財関係の条項は企業経営に直接的に影響しにくいため、金銭に関する条項よりも優先順位は下がると考えてください。

6. 秘密保持契約

（1）秘密保持契約とは

　これは、取引関係を結ぶ際に非公開の秘密情報を開示する必要がある場合に、その秘密情報を外部へ漏洩させないことを約束する契約のことです。

　英語では"Non Disclosure Agreement"と言い、「NDA」と略称されることが多いです。知的財産は、目に見えない有用な情報です。当然、これらの情報を社内で保有・管理することで経済的な価値が生じますが、共同開発をする前などは、これらの情報を他社に開示する必要が生じます。そこで、これらの情報を他社においても管理してもらうために、秘密保持契約を結ぶのです。

　秘密保持契約には、① 両者が情報を出し合って、両者が秘密保持義務を負う双務契約の場合と、② 一方が情報を出して、他方だけが秘密保持義務を負う片務契約の場合があり、②の場合は、「念書」という形で契約が結ばれることが多いです。

（2）秘密保持契約の必要性

秘密保持契約を締結する理由には、以下の3つがあります。

（ア）社内の知的資産（一般情報を含む）を保護するため

（イ）不正競争防止法で保護される「営業秘密」として対象化するため

（ウ）特許法の「新規性」の要件を失わないようにするため

（ア）は、社内の秘密情報である知的資産を外部に漏らしてしまうと、自社に大きな損失を生じさせる可能性があります。そこで、他社に渡す知的資産についても管理してもらうために、事前に契約で束縛しておきます。

（イ）の不正競争防止法で保護される「営業秘密（ノウハウ等）」は、（ⅰ）秘密として管理されていること、（ⅱ）事業活動に有用であること、（ⅲ）公然と知られていないことの要件が必要です。秘密保持契約を結ぶことで、少なくとも、このうち（ⅰ）と（ⅲ）の要件を満たすため、仮に第三者にその情報が盗まれたとしても、不正競争防止法で救済されることになります。

（ウ）は、秘密保持契約を結ぶことで、その秘密情報に含まれる情報は、契約当事者間で、秘密状態を保ったことになります。よって、契約の相手方に情報を提示した行為が、公知行為にはならないため、新規性を失うことはありません。このため、出願前の発明が新規性を失うような事態にならないようにできます。

（3）秘密保持契約書の5つのチェックポイント

秘密保持契約書を作成した際には、以下の点をチェックします。

① 秘密情報の定義（範囲）

「どこまで」を秘密情報の客体として取り扱うかを明らかにするために規定します。「口頭で話したもの全て」としてしまうと、保護の客体が際限なく広がってしまうので、一定の制限を定めたほうがいいと思います。

② 開示目的及び開示許容者の明確化（限定）

　開示目的以外の使用や、開示許容者以外の開示を制限するために規定します。できるだけ具体的に目的や人を特定して限定するほうがよいと思います。

③ 知的財産権（産業財産権）の取り扱い

　派生的に生まれるアイデアや、関連する知財権についての取り扱いも規定します。相手方の情報に触れることで、急に良いアイデアがひらめくこともあるので、この場合の取り扱いを定めます。このタイミングでひらめくアイデアは、共同開発業務に入る前なので、原則的に共同発明にはならないと思います。

④ 競業避止（禁止）義務について

　相手方がこちらの秘密情報を知った上で、同じような業務を始めてしまうと、こちらとしては何のために情報を与えたのか意味が分かりません。そこで、相手方の競業業務を禁止することで、こうしたリスクを避けることができます。

⑤ 秘密情報の事後処理と複製の可否

　秘密情報の返還又は廃棄、さらには複製の制限等を義務付けることで、秘密情報の散逸を防ぐことができます。

※大学と契約する場合の特殊事項（学生等との関係）：大学と秘密保持契約を結んでも、大学は学生と雇用契約を結んでいないため、学生に秘密保持の遵守義務を負わせることができません。よって、学生から秘密情報が漏れた場合は、大学側にそのリスクを負ってもらうなどの対策が必要です。

　以上の点をチェックすることで、基本的に、秘密情報を管理できる契約はできますが、それでも秘密情報が漏れてしまうおそれはあります。よって、他社に提供する秘密情報を、（ⅰ）「絶対に漏らせない情報」と（ⅱ）「漏らしても構わない情報」に分けて、（ⅰ）については、他社に情報提供せずに業務を行う必要があると思います。

　ここは、契約業務の範疇を超えますが、知財担当者としては、自社の情報を提供する人（開発者等）に対してそうしたアドバイスをしておくことが、自社の知的財産を守ることになると思います。

7．共同開発契約

（1）共同開発契約とは

　これは、複数の企業体等の間で、互いの技術・ノウハウ・資金・人材等を提供して、新しい技術や製品を開発する際の取り決めや成果の帰属等を定める契約のことです。市場の変化のスピードの高まりから、単独で商品開発をすることが困難になってきている現在、以前にも増して共同開発する機会が増えています。そこで、共同開発契約を締結することも多くなってきました。

　共同開発契約の形態として、下図のように3つの形態があります。

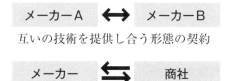

メーカーA ⟷ メーカーB
互いの技術を提供し合う形態の契約

メーカー ⇄ 商社
商社が資金、メーカーが技術を提供する形態の契約

大学 ⇄ メーカー
メーカーが資金、大学が知識と人材を提供する形態の契約

　一番上が一般的な共同開発の形態です。一般のメーカーであればこの形態の共同開発を行う場合が多いと思います。もっとも、下の2つの形態についても、資金の流れが生じる契約なので、やや違和感を覚えるかもしれませんが、こうした共同開発契約もあり得ます。それぞれの形態に合わせた契約を締結する必要があります。

（2）共同開発契約の必要性

　共同開発契約を締結する代表的な理由として以下の4つが挙げられます。

（ア）開発成果の取り扱い（帰属）を明確にするため

（イ）役割分担や費用負担等、各人の責任を明確にするため

（ウ）開発期間、開発対象等を明確にするため

（エ）開発内容等の秘密情報の漏れをなくすため

　（ア）は、「開発成果」すなわち有用な技術・製造等の情報は、具体的な物ではなく、目に見えない情報（知的財産）です。このため、この開発成果をどのように帰属させて、どのように使うのか、事前に決めておかないと争いが生じます。そこで、契約書でこの開発成果の取り扱いを明確にしておきます。

　（イ）は、開発途中で争いが生じないように、誰が開発を行い、誰が費用を負担するのかを契約書で明確にしておきます。

　（ウ）は、自社のその他の開発業務と、今回の共同開発業務とが混ざり合い、自社のその他の開発業務が、今回の契約によって制限を受けてしまうのを防ぐために、開発期間（特に終わりの期間）と開発対象を限定（明確に）しておきます。

　（エ）は、秘密保持契約を作っていない場合（又は作っていても）、開発内容等の情報を外部に漏らさないようにするために、秘密保持条項を規定しておきます。

（3）共同開発契約書の6つのチェックポイント

　共同開発契約書を作成した際には、基本的に以下の点をチェックします。

① 開発内容の名称（対象）

　「どういうもの」が対象かを明らかにすることで契約の範囲が明確になるため、具体的に開発内容を記載します。

② 開発の期間（特に終期）

　自社のその他の開発活動が際限なく契約に拘束されることを防ぐため、特に終わりの時期を記載します。

③　当事者の役割分担・費用負担

　開発業務を実際に進めていく上で重要な部分であり、責任を明確にするために記載します。

④　開発の成果物の取り扱い

　開発が成功した際の成果物（開発情報等）の取り扱いを明確にしておくことで、争いを予防します。

⑤　知的財産の権利化等の取り扱い

　発明等が生まれた際の取り扱いについて明確にしておくことで、争いを予防します。なお、詳細な項目については、別途、共同出願契約等を締結すればよいので、この契約で定める必要はありません。

⑥　相手方の倒産・リストラ等への対処

　共同開発は、一定の期間にわたって業務を行うことになります。このため、相手方の経営状況等が悪化して、途中で開発が中止となる場合があります。この際の成果やノウハウ等の散逸を防ぐために、この対処の規定を記載します。

　以上の点以外にも、自社が共同開発によって得たい開発成果（メリット）や、契約締結によって負うリスクを全て把握した上で、契約を締結します。

8．共同出願契約

（1）共同出願契約とは

　これは、複数の企業体等の間に「特許を受ける権利」が帰属するものについて、出願手続き、取得後の権利の維持保全、各企業体等の実施態様、第三者への許諾等に関して定める契約のことです。

　共同開発等を行った成果として、「発明」が生まれる場合があります。

　この際に、「特許を受ける権利」が複数の企業に帰属することになるため、その取り扱いを決めるために、共同出願契約を締結します。

　「共同発明」の処理の方法として、以下の形態があります。

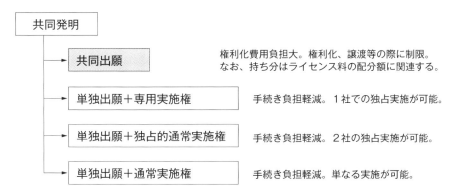

　なお、この処理の方法は、別々の企業に雇用される発明者2人が、共同で発明をした場合が前提です。

　共同発明の処理の方法として、最も一般的なのが一番上の「共同出願」です。その他の方法は、一方の企業が全て単独で出願して、他方の企業が専用実施権や通常実施権等のライセンスを受ける方法です。

　他方の企業が特許権を保有しなくても、発明を実施できればよいと考える場合には、こうした「一方の企業だけが権利を保有する」という処理の方法を選択してもよいと思います。

（2）共同出願契約の必要性

　共同出願契約を締結する理由のうち、代表的なものを4つほど挙げます。

　（ア）権利の持ち分や、出願窓口・費用負担等の権利化手続きを明確にするため

　（イ）特許法73条（共有に係る特許権）の例外や修正を定めるため

　（ウ）外国・変更・分割等の関連出願や、改良発明等についての取り扱いを明確にするため

　（エ）第三者の対応をどのようにするのか明確にするため

　（ア）は、権利の持ち分をどのようにするのか、また、権利化手続きや費用負担をどのようにするのか、争いが生じないように明確にしておきます。なお、「持ち分」については、さほどこだわる必要はありません。なぜなら、持ち分が多くて得するのは、ライセンス料を持ち分に応じて多くもらえる場合と、特許権侵害があった際、持ち分に応じて損害賠償の額が多くなる場合だけだからです。もちろん、特許発明の実施が持ち分によって制限されることもありません（特許法73条2項）。

　（イ）は、「共有に係る特許権」（特許法73条）の規定を変更したいときに定めますが、特許権の共有者の平等を考慮して定められているこの規定を変更するには、それなりの合理性があることを両共有者間で認識している必要があります。

　（ウ）は、共同発明を特許出願した後も、この発明を外国出願したり、実用新案等に変更したり、分割出願したり、その後に改良発明等が生じたりする場合があります。この時の取り扱いを定めておくことで、その後の争いを未然に防ぎます。

　（エ）は、共同発明を特許出願した後、権利化途中、又は権利化後に第三者との関係で、どのように対応するかが問題になり得ます。出願時点では、第三者の存在が全く分かりませんが、特許法の規定どおりにするか否かで決めておいても、第三者が出てきた時に、別途協議すると規定しておくのでもよいと思います。

（3）共同出願契約書の6つのチェックポイント

　共同出願契約書を作成した際には、以下の点をチェックします。

① 対象案件の名称

　「どの件」が対象であるかを明確にするために必要です。社内等で整理番号などが付与されていれば、その整理番号で案件を特定します。

② 職務発明（「特許を受ける権利」）の譲り受け

　「特許を受ける権利」は、発明者に原始的に帰属するため、会社がこの権利を承継していないと、無権利者の契約となって、契約自体が無効となります。

　このため会社が「特許を受ける権利」を有しているか否を確認しておく必要があります（法改正によって、法人に原始帰属させる企業もあるが、相手方の企業の状況を確認する必要がある）。

③ 手続き対応者（特許庁窓口）の特定

　権利化方針や権利内容に離齬が生じないようにするために必要です。特許事務所を使って出願する場合には、誰が主たる窓口になるかを決めます。

④ 費用負担の割合

　費用負担は事後に争いが生じやすいため、権利化費用や権利維持費用をどのようにするか、あらかじめ決めておくことが必要です。

⑤ 発明の実施、実施の分担、不実施補償等

　特許発明から得られる利益の配分を明確にするために規定します。

⑥ 第三者との関係

　特許権が発生した際の侵害及びライセンス等の対応をあらかじめ規定しておきます。もっとも、第三者との関係であるため、明確でなくてもよいです。

9. 契約業務のまとめ

　以上、契約業務について説明しましたが、最も大事なのは、**契約が特許法、民法等の法律に優先する**ということです。これは、いくら広い特許権を取ったとしても契約の内容によっては、特許権の効力がなくなるということと同じ意味です。

　よって、契約書の文言については、特許請求の範囲の文言を検討することと同じか、又はそれ以上に、慎重に吟味してください。契約交渉には、相手方が必ず存在しますし、なかなか思うようにならない可能性もありますが、これも知財担当者の腕の見せどころだと思って、契約業務にも強くなるようにしてください。

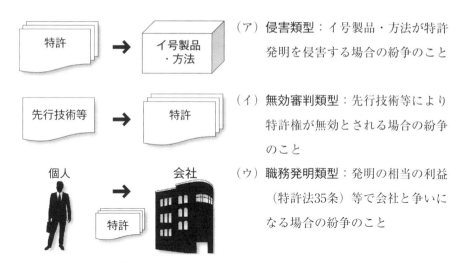

（ア）**侵害類型**：イ号製品・方法が特許発明を侵害する場合の紛争のこと

（イ）**無効審判類型**：先行技術等により特許権が無効とされる場合の紛争のこと

（ウ）**職務発明類型**：発明の相当の利益（特許法35条）等で会社と争いになる場合の紛争のこと

それぞれの紛争類型ごとに対応する業務は変わりますが、以下では、最もメインである侵害類型について説明します。

3．解決手段

特許権侵害が起こると、通常は、以下の解決手段で解決することになります。

各企業の事業戦略に応じて、どの手段を選択するかを決定していきます。以下では、これらの解決手段の内容及びメリットとデメリットを紹介します。

（1）放置

放置とは、特許権侵害を認識しつつも、相手方が動かない限りは、行動を起こさない手段のことです。これは、権利者側だけでなく侵害者側も採り得る手段です。

> メリット

　権利者側はコストをかけずに他社を牽制することができます。いわゆる「ニラミを利かせた状態」が費用負担ゼロで実現できます。一方、侵害者側では、権利者側が侵害を知らない場合には、そのまま事業を継続できるというメリットがあります。

> デメリット

　長期間にわたり侵害状態が続くことになると、侵害者側は不安定な不法行為の状態が続きます。仮に、損害賠償を請求された際には、後から大きな支払額になる可能性があります。もっとも、侵害しているかしていないかは、この時点でははっきりしません。よって、この手段を選択する場合には専門家である弁理士等から「鑑定書」を取った上で、侵害者側であれば、回避案等を検討しておくことが重要です。

（2）和解

　和解とは、両当事者の話し合いにより、互譲によって紛争解決を図る手段のことです。この手段は、両当事者の合意がないとできません。

> メリット

　この手段によると、両当事者の話し合いだけで決着するため、低コストで紛争を終わらせることができます。また、第三者から見て、両当事者が特許権侵害で争っている情報が公にならないため、企業のイメージダウンを防ぐことができます。

> デメリット

　両当事者の言い分に大きな差がある場合には、その差が埋まらず、結局、訴訟になる可能性があります。また、両当事者の「力関係」によって和解内容が決まってしまうおそれがあり、客観的に見た場合には、不合理な和解内容になってしまうという問題もあります。

（3）判定（特許庁）

　判定とは、特許権侵害の有無を専門官庁である特許庁に求めて、早期に紛争解決を図る手段のことです。これは、特許庁に判定請求をすることによって行います。

➤　メリット

「特許庁」という公的な機関によって判断が下されるため、侵害訴訟によらずに客観的な判断を得ることができます。このため、さほどコストをかけることなく、早期に紛争を解決できます。

➤　デメリット

この「判定」には両当事者を従わせる強制力がないため、当事者の間で「判定に従う」旨の合意がないと、訴訟等に移行してしまうおそれがあります。

以上のことから、判定で紛争解決したい場合には、事前に「判定に従う」旨の合意（契約）をしてから、特許庁に判定請求すべきです。

（4）調停（仲裁センター）

調停とは、第三者である調停人が、当事者の間に入り、紛争の和解成立に向けて協力する手段のことです。調停人は、仲裁センターによって選任された専門家で構成されるため、調停によれば、裁判所と同様にレベルの高い判断が期待できます。

➤　メリット

調停人という専門家が介在することで、和解内容が客観的で妥当なものになります。また、通常の和解のように、力の強い者のほうが有利な和解内容になることがないため、損害額等も妥当な金額になる可能性が高いです。

➤　デメリット

結局は「和解」なので、一方の当事者が納得しない場合には、調停が成立せずに、結局、訴訟に移行してしまうおそれがあります。

以上のことから、この手段は当事者間だけでは和解ができないが、訴訟になることを避けたい場合に有効です。

（5）仲裁（仲裁センター）

仲裁とは、第三者である仲裁人の紛争解決の判断に、当事者があらかじめ従うことを合意して行う紛争解決手段のことです。

この仲裁人も、仲裁センターによって選任された専門家によって構成されるため、この手段でも、裁判所と同様のレベルの高い判断が期待できます。

➢　メリット

訴訟によらずに終局的な判断が得られます。「終局的な判断」なので、仲裁で得られた内容を、早期に確定させることができます。また、仲裁は非公開なので、第三者に紛争の有無及び内容が知られることがありません。

➢　デメリット

「終局的な判断」であることから、一方の当事者がその仲裁内容に不服があったとしても、訴訟で争えないという問題があります。また、両当事者の間であらかじめ、仲裁に従うという合意がない場合には、仲裁を使えません。

以上のことから、この手段は両当事者の間で、非公開で早期に結論が得たいという共通認識があれば有効な手段です。

（6）侵害訴訟（裁判所）

侵害訴訟とは、終局的に強制的な紛争解決を図ることができる手段です。最も効果が高いため、権利者側としては、これを使いたいように思いますが、知財担当者としては、時間も費用もかなりかかるため、できれば避けたい手段です。

なお、侵害者側も警告書等が届いた場合には、損害賠償請求権等不存在確認の訴えという形で訴訟を提起することができます。

➢　メリット

一方の当事者が望まなくても、終局的な判断が得られ、紛争を完全に終結することができます。紛争解決の手段としては、白黒がはっきりするため、最も効果的といえるでしょう。

➢　デメリット

訴訟を提起すると、訴えた側も訴えられた側も、時間も費用もそれなりにかかることが問題です。また、紛争内容が全て公開され、第三者に紛争内容を知られてしまうことも問題です。

　以下に、侵害訴訟（民事訴訟）のフローチャートを示します。このフローチャートは、一般的な訴訟を前提にした流れを示しています。

侵害訴訟のフローチャート

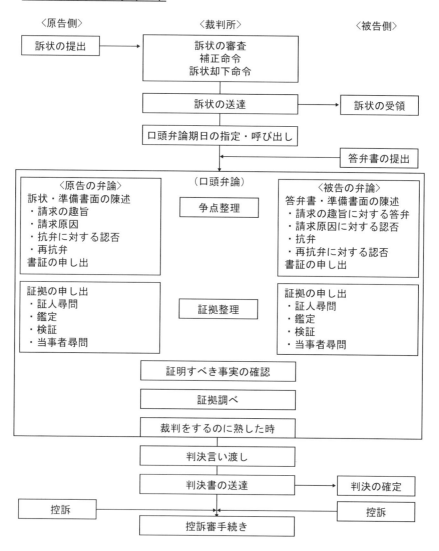

　権利者が侵害訴訟を提起すると、侵害者がその特許権自体を消そうと特許無効審判を特許庁に請求することがあります。侵害訴訟と無効審判の関係を以下に示します。

侵害訴訟と無効審判との関係

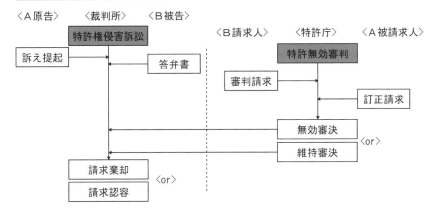

４．警告書及び回答書

　実際に特許紛争が生じる際の端緒となる、警告書や回答書について説明します。

（１）警告書とは

　警告書とは、権利者が、権利侵害していると思われる者に対して、訴訟を起こす前に侵害行為の停止等を求めて送る書類のことです。名称を「通知書」や「通告書」として表現を和らげているものもありますが、実質的には、警告書と同様のものです。

（２）送付する理由

　本来、特許権侵害訴訟は、警告書を送らなくてもいきなり提起することもできます。このため、警告書は、権利者が「何らかの理由」があるために、送ってきています。この警告書を送る理由は、侵害していると思われる者の対応を見ることで、事後の方針（訴訟移行を含めて）を決めるというのが一番大きいと思います。

　また、それ以外に、訴訟によらず（金銭や時間をかけず）に、他社製品等を排除したいなどの理由もあります。

（3）記載事項

警告書には、以下のような事項を記載します。

① 権利者（自己）の住所、名称（権利者の特定）

権利者が実在することを明らかにするため、自己の住所や名称を記載します。

② 特許番号等（権利の特定）

権利を特定するために、特許番号等によって権利内容を明らかにします。まだ特許番号が付与されていないような場合であれば、公開番号や出願番号を記載しても大丈夫です。

③ 相手の製品、行為等の特定（イ号の特定）

侵害していると思われる製品やサービス（イ号）を具体的に記載します。製品であれば製品番号等を記載することで、より明確に特定できます。

④ その行為（実施）が権利侵害と思われる旨

この記載は、「特許請求の範囲」を記載して具体的にイ号製品等を当てはめることで、権利範囲に含まれる旨を記載したほうが丁寧ですが、単に「侵害していると思われる」と記載してもよいです。

⑤ その行為（実施）の停止等を求める旨

法的に差止めができるから、自主的に製品等の製造販売をやめてほしいという意味でこの記載をします。

⑥ 返答を求める旨

警告書を受けて、どのように対応するか教えてほしいという意味でこの記載をします。また、回答期限を設けることが通常です。

（４）警告書送付時の留意点（権利者側の注意点）

① 最終的に「差し止めたい」のか「金銭が欲しい」のか、方針を明確にしておく

　　警告書を送る場合には、通常、何らかの目的があるはずです。この時、その目的を達成するための方針が決まっていないと、いつまでも紛争が解決しないことになるので、警告書を送付する前に方針を明確にしておきましょう。特に争うのではなく、ライセンス契約に持ち込みたい場合には、あえて「実施許諾の用意がある」と記載することも有効です。

② 不法行為の消滅時効（民法724条）の「起算点」になる

　　警告書を「送付」するということは、権利者が侵害者と侵害行為を「知った」と言えます。このため、警告書の送付日が、不法行為の消滅時効の「起算点」に該当すると考えられます。したがって、警告書を送付する場合には、３年以内に訴訟提起が必要になる場合があることに注意しましょう。

③ 内容証明郵便が望ましい

　　警告書を送付する場合には、内容証明郵便を使うことが多いです。これは、侵害訴訟を提起した際に、この警告書を送付した事実を、日本郵便株式会社が証明（郵便法48条）してくれることで、証拠採用されやすいためです。

　　実務上は、心理的圧迫を与えることが主な効果だと思いますが、こうした心理的圧迫を必要としない場合は、書留郵便やＥメールでも構いません。

（５）警告書受領の際の確認・検討事項（侵害者側の注意点）

　　警告書を受け取った侵害者側（なお、警告書の受領時点では、本来は「侵害者」とは言えないが、ここでは、便宜上「侵害者」として説明する）は、何をすべきでしょうか？

　　まず、法律的に、以下の７点を確認する必要があります。また、後ほど説明する事実的な事項についても確認する必要があります。

（ア）特許権が本当に存在するか（権利の特定）

（イ）特許権が消滅していないか（有効性の確認）

（ウ）権利内容とイ号製品等を比較して侵害するか否か

（エ）自社に先使用権がないか

（オ）特許権を無効にできないか（無効審判の検討）

（カ）実施料を払って実施許諾を受けるか

（キ）イ号の設計変更等ができないか

これら（ア）〜（キ）の確認方法について、それぞれ説明します。

①（ア）権利の特定、（イ）有効性の確認について

　（ア）と（イ）については、以下の３つの情報を取り寄せてから判断します（J-PlatPatでも入手可能）。

a．特許公報

　特許権侵害において一番大事なものです。本件特許の権利範囲や実施形態、さらには図面の内容等も確認します。ただし、権利範囲については「訂正」によって変化している場合もあります。そこで、審査経過等を確認した上で、訂正請求や無効審判請求がされている場合には「審決書」を確認してください。この審決書の中に訂正後の権利範囲が記載されているからです。

b．登録原簿

　（ⅰ）権利者の確認

　　　権利譲渡されて権利者が変わっている場合があるためです。

　（ⅱ）年金（特許料）納付状態の確認

　　　年金未納で消滅している場合があるためです。

　（ⅲ）存続期間が満了していないかどうかの確認

　　　これも権利が消滅している場合があるためです。

　（ⅳ）権利放棄されていないかどうかの確認

　　　これも権利が消滅している場合があるためです。

（ⅴ）専用実施権が設定されていないかどうかの確認

これは、専用実施権者からも権利行使されるおそれがあるためです。

c．出願経過書類

審査期間内に提出等された拒絶理由通知書や意見書等を確認します。さらに審査段階で引用された先行技術文献（特許公報等）も確認します。こうした中で、特許権の有効性の有無を判断します（新規性・進歩性があるのかなど）。

②（ウ）権利内容とイ号製品等との対比について

本件特許が有効であると判断すると、次に、本件特許の権利内容とイ号製品等を比較します。例えば、下記のような対比表を作成して、イ号製品等が、本件特許の権利範囲に含まれるか否かを検討します。

なお、この検討の仕方は、pp.53-59の「（4）特許請求の範囲の読み方」と同様です。具体的には、下記の対比表のように、本件特許の請求項1の内容を構成要件に分けて、イ号製品等の要素と対比して、権利範囲に含まれるか否かを検討します。1つでも異なる構成要件があれば、基本的に侵害は成立しません。

要件	本件（特許第3725481号）の内容	イ号
A	金属製の外殻部材と繊維強化プラスチック製の外殻部材とを接合して中空構造のヘッド本体を構成した中空ゴルフクラブヘッドであって、	?
B	前記金属製の外殻部材の接合部に前記繊維強化プラスチック製の外殻部材の接合部を接着すると共に、	?
C	前記金属製の外殻部材の接合部に貫通穴を設け、	?
D	該貫通穴を介して繊維強化プラスチック製の縫合材を前記金属製外殻部材の前記繊維強化プラスチック製外殻部材との接着海面側とその反対面側とに通して前記繊維強化プラスチック製の外殻部材と前記金属製の外殻部材とを結合した	?
E	ことを特徴とする中空ゴルフクラブヘッド。	?

　以上が、警告書を受け取った侵害者側が法律的に確認すべき事項です。かなり大変な作業となりますが、最初の回答書を送付するまでに、できるだけこれらのことを全て確認するようにしてください。

（6）事実的な確認事項

　以上の法律的に確認すべき事項以外にも、事実的事項を確認してください。以下の4つです。

① 警告してきた企業との事業上（営業上）の関係

　特許等の紛争は、そもそも別の事業上の問題があって、その問題が、特許等の紛争として顕在化している場合が多いです。こうしたことから、その**事業上の問題が解消することで、特許等の紛争も沈静化**することも少なくありません。

　よって、自社の経営部門や営業部門、さらには購買部門等に問い合わせて、その警告してきた相手との間で事業上の問題がなかったかどうかを確認するようにしてください。

② 同業他社に同様の警告があるか（過去も含む）

　例えば、警告相手がいわゆるパテントトロールのように、特許権を使ってライセンス収入を得ようとしている企業の場合には、同業他社にも同じような警告をしていることがあります。このとき、安易に単独で交渉を進めてしまうと、同業他社の交渉にも影響を与えるおそれがあります。

　よって、このような場合には、同業他社と手を取り合って、同じような対応をして、この警告相手に対抗するようにしてください。

③ 警告相手の経営状況

　特許等の紛争は、企業間での喧嘩という側面があります。そうだとすれば、相手側の懐事情も十分に理解した上で戦う必要があります。

　警告相手の経営状況が厳しい場合には、訴訟に耐え得る力はないと判断できますし、早くお金が欲しいとも考えられます。一方、経営状態が安定している場合には、訴訟に耐え得る力はあるだろうし、お金が欲しいわけでもないと考えられるので、警告相手の経営状況によって戦い方が変わると考えてください。

④ クロスライセンスできる自社特許の存在

　特許権に対抗するためには特許権しかありません。そこで、警告相手の製品等について権利行使できる自社特許等の存在を確認することが必要です。もし、権利行使できる特許権が存在していた場合には、最低限、自社製品の差止めを免れることができると考えられます。なぜなら、仮に警告相手が差止めを求めてきた場合、こちらも警告相手の製品を差し止めると反論すると、警告者のほうが差止めを避けることが考えられるためです。このようにクロスライセンスできる自社特許があれば状況が好転するため、ぜひ、確認するようにしてください。

（7）回答書

　これらの事項を確認したのち、警告書に対応する回答書を準備することになります。以下、回答書作成の際の注意点を説明します。

① 期限内に回答する

　この期限内に回答することは、最も重要かもしれません。誠実に回答する意図が警告相手にも伝わり、訴訟が提起される可能性が低くなるためです。

　ただし、初回は期限内（通常2週間）に戦略が組めないため、通常は、約1カ月程度の期間延長要求の回答書を送ります。

※パテントトロールからの警告書で非侵害が明らかな場合には放置してもいいと思います。先方は、いわゆる「迷惑メール」のような形で、さまざまな所に警告書を送付している可能性が高く、下手に対応してしまうと、次から次へとレター等が届くことになり、最終的には和解金の名目で金銭を要求されるからです。

② 戦略に応じて回答内容を決定

　　法律的な確認事項と事実的な確認事項を総合衡量した上で反論すべきか、即座に停止するかなど、しっかり戦略を考えて回答するようにしましょう。経営者層等にも相談した上で、回答内容を決めましょう。

③ 内容証明郵便には内容証明郵便で回答

　　警告書が内容証明郵便で送付されてきたときは、同様に内容証明郵便で回答書を送付すべきでしょう。将来、訴訟で提出することを考慮すると、警告書と同じ証拠力を得ているほうがよいためです。もっとも、別の方法で警告書が送付等されてきたときは、相手と同じ方法で回答書を返信すればよいと思います。

④ 期限を切る

　　必ずしも必要ではありませんが、紛争を早期に終結させるために、警告相手に回答を求める場合には、回答期限を設けたほうがよいと思います。無期限に書面のやり取りをしていても議論が進まないためです。

（8）その他
① 警告書・回答書以外の動き

　　状況にもよりますが、警告書が来て、競合企業と紛争になりそうな場合には、早めに客先などにも訴訟の可能性がある旨を伝えておくと、その後、客先から「真摯な対応」であると評価されて、紛争解決に客先の協力が得られる場合があります。紛争解決には、こうした第三者の力を借りることも重要です。

② 権限を持った担当者を早めに決める

　　紛争が始まったら、できるだけ早くに担当者を決めて、その後、紛争が終結するまで、その人に、ある程度の権限を持たせて対応するほうが、手続きの矛盾齟齬を防ぎ、また、迅速な対応が可能となります。

5. 紛争対応業務のまとめ

　以上のように、警告書が送付されてくると、さまざまな確認事項や回答書作成業務が必要になります。このため、通常の権利化業務等が滞ってしまいます。できるだけ早急に紛争解決できるようにしてください。

　特に、相手方の「本当の狙い」がどこにあるのかを早めにつかむようにすることで、解決の糸口が見えてきます。その際には、知財部門だけではなく、全社的に情報収集を行い、場合によれば、客先などの第三者の力も借りるようにしてください。

　このように、紛争解決は知財部門だけでは対応できません。警告書が送付されてきても慌てないような、日頃の社内の体制作りも重要です。

VII 経営層への対応（アプローチ）

1．経営層の知財意識

　私が、知財担当者とお話ししていると「自社の経営者層の知財意識が低くて困る」とおっしゃる方がいますが、よくよく話を聞いてみると、そうした企業の場合は特に、経営者層の知財経験が少ないという共通点があるように感じます。

　もっとも、私は、その企業が知財担当者を置いている時点で、企業体としてはまだ知財意識があるほうだと思いますが、知財担当者と経営者層の間では、どうしても知財への「情熱」の部分で違いがあるため、そのように感じるのだと思います。

　この「情熱」の違いは、やはり、経営者層は「知財に対する危機感」よりも「その他の経営問題に対する危機感」のほうが大きいからではないでしょうか。

　そこで、ここでは、知財担当者が、そのように「知財に対する危機感」が小さい経営者層に対して、どのようにアプローチすれば知財意識を変えることができるかについて検討しようと思います。

　以下、私なりに考えるアプローチ方法を説明します。

2．知財リスクの認識

　経営者層の「知財に対する危機感」が小さいのは、そもそも、経営的に知財のリスクが大きくないと思っているからです。

　そこで、まず、知財リスクの認識という点で、特許権侵害によって社長と会長が辞任した事件を取り上げます。

（新社長）ミヨシ油脂社長に堀尾氏　特許侵害で山田氏は引責

　ミヨシ油脂は13日、山田修社長（53）と三木敏行会長（82）が引責辞任し、新社長に堀尾容造執行役員（59）、新会長に新津堅取締役常務執行委員（64）が就任すると発表した。3月28日に開く株主総会後の取締役会で正式に決める。東ソーから重金属固定化処理剤の特許侵害で訴えられていた件で、敗訴が決まり、経営責任を明確化する。

　2007年から続く裁判の対象製品はゴミ処理場などで焼却時に出る灰に噴霧し、有害な重金属を固める薬剤。ミヨシ油脂は同製品から撤退し、東ソーに対して損害賠償金など計約21億円を支払う。

※出典：日本経済新聞　2012/02/13付

　ミヨシ油脂は、マーガリン等の油脂製品を製造販売する東証一部上場企業です。HPを見ると、経常利益が約10億円規模の会社のようです。こうした中、記事にあるように、ミヨシ油脂は特許権侵害によって、損害賠償金等で約21億円の支払債務を負うことになったため、社長と会長が経営責任を取って辞任することになりました。

　もっとも、裁判に入るまでの経過（ライセンス交渉等）は、判決文だけでは分かりませんが、この事件でミヨシ油脂は、本件特許の特許性がないと考え、最高裁まで争っていましたが、途中、訴訟係属による経営への影響を考慮して、最終的には、知財高裁の敗訴判決を受け入れて、上記の結果になったようです。

　経常利益10億円の規模の会社にとって、21億円の支払債務は、約2年分の経常利益が飛んでしまうため、かなり大きな損失です。また、記事には書かれていませんが、ミヨシ油脂は、この後、この焼却時の灰を固める薬剤の事業からも撤退したので、この薬剤に関する開発費、薬剤の製造ラインの設備費等々、全て無駄になってしまったので、21億円以上の損害が生じたことになります。

　これは、ある1件の特許権の存在により、こうした事態になってしまったのです。すなわち、知財リスクを軽視してはいけないのです。

３．知財制度に関する知識の勘違い

　こうした話をしても、経営者層の中には、あまり響かない方がおられます。それは、知財制度に関する知識が誤っているからでしょう。

　「特許権侵害って、他社のマネをしたから、侵害するんだろう？　マネしなければ、特許権は侵害しないなら、マネをせずに商品開発すればいいだけじゃないか？」とおっしゃる方も多いと思います。ここで、「マネ」という言葉を、「他社製品を認識して、その他社製品と同じようなものを作ること」と、「狭く」解釈されているため、自分の会社が特許権を侵害することはないと思っている可能性があります。

　でも、知財担当者なら、当然、分かりますよね？

　特許権侵害の「マネ」とは、そういう狭い意味ではないことを……。

　すなわち、特許権侵害の「マネ」とは、「特許請求の範囲」に記載された特許発明の内容を実施することであって、他社製品を認識しているかどうかは関係なく、全く知らずに他人の特許発明を実施してしまうこともあるのです。

　このことは、言い換えると、「開発者が自社独自の技術」だと思って開発した商品であっても、他人の特許権を侵害してしまうことがあることを意味します。

　この点については、特に知財経験の少ない経営者層が誤解されているようです。ご自身で学び、誤解を解消されているのならよいですが、もし、誤解されている方がいらっしゃるようなら、知財担当者である、あなたが指摘してあげてください。

　確かに、経営者や上司、先輩等、自分よりも年齢が上の方の間違いを指摘するのは勇気が要るでしょう。しかし、このことは、会社の知財等に関する意思決定を左右する際に重要な知識です。このため、しっかりと間違いを指摘するのは、会社の事業を知財的に守る担当者であるあなたの責務なのです。

４．現状事業における自社リスクの顕在化

　以上のように、知財制度に関する知識の勘違いを経営者層が理解してくれて、正しく判断されたとしても、まだ十分ではありません。なぜなら、自社の知財リスクとして認識していただいていない可能性があるためです。

　では、どうするか？　ですが、私なら、現状における同業他社や競合企業の特許出願件数（特許公開件数）等を自社の出願件数と比較するとともに、企業ごとに売上高も列挙して、差止めリスクと損賠賠償リスクを示します。

　すなわち、競合企業の特許の数は、その特許権を侵害した時の差止めリスクをある程度、抽象的に指し示すことになりますし、売上高は、損賠賠償リスクを抽象的に指し示すことになります。

　確かに、全件を評価した上で、具体的な差止めリスクと損害賠償リスクを明示することが理想です。しかし、何百件、何千件、又はそれ以上の件数があれば、その評価をするだけで、かなりの工数や費用がかかってしまいます。

　そこで、各出願件数等や金額を提示することで、抽象的な差止めリスクや損賠賠償リスクを経営者層に理解してもらうのです。

5．具体的な対策

　もちろん、その上で、「では、どうしたらいい？」と経営者層が聞いてきたら、こうした差止めリスクや損賠賠償リスクを少しでも軽減する方法を提言すればいいと思います。

　まず、特許権の差止めを回避するためには、先方の製品に対して権利行使できる特許、すなわち「クロスライセンスできる特許」を持つ方法が、一番確実です。先方も、自社の事業を止めてまで、こちらの事業を止めることはない、と考えられるからです。例えば、基幹となる事業について、他社特許で差し止められないように、基幹事業に関する自社特許を洗い出し、基本特許がない、又は件数が少ないという結果が得られた場合には、クロスライセンスできるようなネタの発掘から、特許出願を検討することが考えられます。

　また、売上高に応じた特許件数がないと、賠償額をバーターできなくなり（ライセンス料率が等しいことが前提）、どうしても金銭の持ち出しが生じることになります。損害賠償リスクを低減するためには、競合企業の特許出願件数と売上高をある程度、参考にしながら、特許出願件数を確保する対策を採ることが有効です。

　もちろん、むやみに特許出願の件数を確保するために、安易なアイデアレベルのものや、事業性の乏しいものを出願しても意味がありません。実際に、自社が実施していく構造や装置、さらには方法等から、出願ネタを発掘することで、こうした出願件数を確保すべきです。

　こうした出願ネタの中には、確かに、技術的にレベルが低いものも少なくないと思います。ただ、事業的に大事なものは、「新規性」と「進歩性」を満たせば権利化できるということを思い出して、出願していただければよいと思います。

　企業の知財部門で大事なのは、「事業」を守ることです。企業が技術発展のための特許（事業に関係ないもの）を取る必要はないと思います。

　よって、技術レベルが陳腐であったとしても、新規性と進歩性を満たせば、特許を取れると考え、出願案件を発掘し、出願件数を確保するようにしましょう。

6. 反応がない場合

　4．で知財リスクを顕在化したとしても、「侵害訴訟が起こった時に対応すればいいじゃないか」と経営者層が判断することもあると思います。この場合は、経営者層が、経営に影響する知財リスクを認識した上で、現時点で対応する必要がないと判断しているとも考えられるため、その判断に従うよりほかありません。

　これは、経営者層が、他の経営的なリスクも考慮した上での判断だと思うので、この判断に一知財担当者が反論するのは、お門違いというものです。こうした場合は経営者層の方針に従って知財活動を行うようにしてください。

　もっとも、経営や事業は日々変化します。もちろん、競合企業等も変化して、知財の状況も時々刻々変化していきます。このため、経営判断も変わる可能性があります。知財担当者であるあなたは、またその時に、あらためて経営者層にアドバイスをしていくべきだと思います。

特許事務所との関係作り

1．特許事務所とは

　知財業務を始めたばかりの方は、「特許事務所」というものをあまりご存じないと思うので、簡単に紹介します。

（1）弁理士が開業

　特許事務所とは、国家資格者である弁理士が開業する事務所のことです。弁護士の法律事務所や、司法書士の法務事務所と同じようなものです。このため、特許事務所ができることは、原則として、弁理士の業務になります。

　具体的には、出願人等から依頼を受けて、出願書面等を作成して特許庁に提出する出願業務。権利化業務の途中では、意見書や手続補正書を作成して特許庁に提出する中間処理業務。権利化後は、特許料（年金）の管理・納付業務。さらには、他人の特許権に対して無効審判を請求したり、加えて特定侵害訴訟代理業務を行える特許事務所になると、特許権侵害訴訟の代理業務を担ったりすることもできます。

　このため、特許事務所には、所長の弁理士がいて、その所長の指示の下で業務が行われます。1人でされている個人事務所もありますが、数十人の弁理士が勤務している大規模事務所もあります。

　なお、複数の弁理士がいれば「特許業務法人」を名乗れますが、これは従来の特許事務所が「個人事業主」のような形態だったため、業務の安定性が低いという問題もあり、平成12年度から「特許業務法人」組織形態が生まれたのです。

　もっとも、依頼する側から見ると、「特許事務所」と「特許業務法人」のいずれであっても、さほど違いはありません。なお、令和3年の弁理士法改正により、「特許業務法人」は、「弁理士法人」という名称になります。

（2）得意・不得意

　日本弁理士会の統計資料によると、特許事務所は全国に約5000カ所あり（2021年3月31日時点）、そのうち約7割が1人の弁理士が経営する個人特許事務所、残りの約3割が、複数の弁理士が勤務する特許事務所、又は特許業務法人の特許事務所となっています。

　なお、2013年度の「弁理士白書」では、特許事務所の総計が約3000カ所で、1人の弁理士が経営する個人事務所の割合は約5割でした。個人事務所が急増していますが、自宅を事務所として登録する弁理士が増えたためではないかと推察します。

　いずれにしろ、これだけ多くの特許事務所が存在しているので、依頼する側から見ると、どの事務所を選べばよいか分からないのではないかと思います。そこで、どのようにして選べばいいかについて説明します。

　特許事務所といっても、一様ではなく、各事務所によって、得意・不得意があります。特許が強い事務所、商標が強い事務所、意匠が強い事務所、さらには、技術分野についても機械構造系が強い事務所、化学系が強い事務所等があります。

　この得意・不得意は、特許事務所の所長の経歴等を見るとある程度、どの分野が得意でどの分野が不得意なのかが分かります。また、その他の事務所を構成している弁理士の経歴等でも分かると思います。

　さらに、特許事務所は、所長の考え方で所内の運営がされているため、所長の考え方によって業務の進め方も異なります。出願期限がしっかりと守られる事務所、明細書の内容を充実させる業務がしっかりされている事務所等、いろいろな事務所があります。したがって、特許事務所を選択する場合は、こうした得意・不得意を見極めることが肝要です。

（3）料金

　特許事務所に業務を依頼する場合、避けて通れない問題が依頼した時の「料金」です。以前は、弁理士に依頼すると「弁理士報酬額表（特許事務標準額表、料金表）」という統一規定があり、どの弁理士に頼んでも料金は同じでした。

しかし、2001年にこの規定が撤廃され、依頼者と弁理士の間の個別契約で金額を定めることができるようになり、現在は特許事務所ごとに料金が異なります。料金の高いところもあれば、安いところもあります。依頼者側としては、選択の幅が広がってよいのではないかと思います。

（4）特許事務所の選択

では、このような中で、どの特許事務所を選べばいいでしょうか？

もちろん、値段の安い特許事務所のほうが依頼者側にはいいように思えますが、特許明細書等の作成業務はかなり特殊であるため、同じ発明であっても、十人十色で書き方が異なるので、内容が全く違ったものになります。

このため、同じ発明でも、特許が取れたり取れなかったりしますし、特許が取れたとしても、権利範囲が狭く、他社に対して権利行使ができないものになってしまう可能性もあります。

こうした事情もあり、一概にどの事務所にすればよいとは言えませんが、少なくとも最初に「値段」だけで決めるのは避けるべきです。特許事務所の選定は、以下のステップで決定されることをお勧めします。

(ア) 事務所の得意・不得意分野を把握し、自社の事業分野が得意と思われる事務所を選択する

(イ) 所長をはじめ、所員の考え方や対応力、そして雰囲気を含めて相性が合う事務所に絞る

(ウ) 特許明細書の内容が充実している事務所を見極める（最低限、依頼者側が伝えた内容が記載されて、さらに＋αの内容が追記されていること）

(エ) その上で、値段の交渉等を行う

なお、日本弁理士会では、全国の弁理士に料金に関するアンケートを行い、その結果をWebサイト上で公開しているので、そちらも参考にしてください（「弁理士の費用〈報酬〉アンケート」https://www.jpaa.or.jp/howtorequest/attorneyfee）。

2．特許事務所との関係

　知財担当者は、特許事務所を選んだ後、特許出願等の知財業務を依頼することになると思います。そこで、次に、特許事務所との関係をどのように構築すればよいか紹介します。下の図は、一般的な特許出願の流れを示しています。

　知財担当者が社内で生まれた発明を、先行技術調査等を行ってから、「出願依頼書」を介して特許事務所に出願を依頼します。そして、その依頼内容を受けて、特許事務所では、特許の出願明細書等を作成して、特許庁に出願するという流れです。

　私自身、知財担当者も特許事務所も経験していますが、それぞれに「権限」があると思っています。お互いにこの権限を越えて仕事をすると、両者の間の関係が崩れて、良い出願明細書もできないし、良い特許権も取れないでしょう。

　では、どのような「権限」があるのか？　私は、知財担当者と特許事務所は、「建築士（設計士）」と「大工」のような関係だと考えています。

　例えば、家を建てる場合を想像してみてください。まず、建築士が敷地の面積や形状、隣接する家などの関係から、敷地のどこに、どのくらいのサイズで、どういった家を建てるかについて検討し、設計図を描きます。次に、大工は自分の経験や知識、技術や道具などを駆使しながら、設計図どおりの家を建てていきます。

　こうしたことが、出願明細書の作成でもあります。知財担当者は、発明の内容を吟味して、競合企業の技術動向や先行技術との関係から、基本的な権利範囲の概念を作り、出願依頼書にその内容を記載します。その次に、特許事務所は、出願依頼書に記載された内容を見て、自分のこれまでの明細書作成経験や法律知識等に基づいて、出願依頼書の内容に従った出願明細書を作成するのです。

　建築士も大工も、それぞれの仕事の役割や権限が分かっているため、その権限を越えた仕事をすることはありません。例えば、大工が設計図にない部屋を勝手に作ったらどうでしょうか？　また、建築士が、建築現場に来て、釘の打ち方や鉋のかけ方などについて細かく指示したらどうでしょうか？　こんなことをしていると、良い家は完成しません。

　このことは、知財担当者と特許事務所の間にも当てはまります。知財担当者は、基本的な権利範囲の概念を作り、特許事務所は、特許明細書を具体的に作成する。こうした権限が知財担当者と特許事務所にあり、この権限を越えて、相手方の領域を侵してはいけないのです。

　もちろん、権限を越える部分で、こうしたらもっと良いという部分が「明らか」であれば、そうした指摘をしてもよいでしょう。しかし、どちらでも大して変わらないという場合は、できるだけ権限を越えないように配慮すべきです。

　こうした権限の逸脱をしないようにすることで、知財担当者のあなたは、特許事務所と良い関係が作れると思います。

3. 特許事務所の活用方法

　特許事務所は、市場ニーズの変化もあって、従来のように特許出願等の権利化業務の代理だけでなく、特許調査業務（先行技術調査、抵触特許調査、パテントマップの作成等）や、知財セミナーの開催や、知財コンサルティング業務等を行うようになってきています。

　特に、知財コンサルティング業務については、日本弁理士会も2015年度から「弁理士知財キャラバン」事業を立ち上げて、経営戦略的な観点から知財戦略を構築するコンサルタントを育成し、中小企業を中心に支援しています。

　こうした中、知財担当者であるあなたは、従来の特許出願等だけでなく、自社に足りない知財業務や、サポートしてほしい知財業務等について特許事務所を活用し、支援してもらいましょう。せっかく特許事務所が変化して、いろいろなサービスを提供しているのです。積極的に活用しなければ損です。

　また、さらに関係を強化したい場合には、特許事務所と顧問契約を結ぶのもよいかもしれません。各特許事務所によって顧問契約の中身が異なるので詳細な説明は省きますが、特許事務所内における御社の位置づけは高まると思います。

4．まとめ

　以上のようにして、特許事務所との関係作りをすれば、企業の知財力がアップすることは間違いないと思います。特に、特許事務所の選択を「**（4）特許事務所の選択**」のところで示した（ア）〜（エ）のステップで行うことで、自社に最適な特許事務所を見つけることができると思います。その特許事務所と長期間にわたって良い関係を構築するようにしてください。

他社等との関係作り

ここでは、知財担当者としての他社との関係作りについて説明します。

1. 孤独な知財担当者

知財担当者の仕事は、大企業であれば、知財部門に先輩たちもいて、それなりに、知財業務の進め方の相談や知財制度の確認等をする相手がいるのですが、規模が小さい中小企業等においては、知財担当者が自分一人又は兼任で、誰にも相談できないという状況に陥ります。すなわち、非常に孤独な状況で知財業務を行うことになるのです。

もちろん、特許事務所と付き合いがあれば、弁理士等に相談することもできるでしょう。

しかし、知財業務の進め方などは各企業によって異なりますし、また、外部から見える知財業務と内部から見た知財業務とでは見え方も異なります。よって、適切な回答が得られないことのほうが多いと思います。

さらに、書籍やインターネットの情報などから独学で知財を学び、日頃の業務に活かしている方は多いかと思いますが、それが自社の知財業務にとって本当に適切なものなのか、大きな不安を抱えているという方も少なくないでしょう。

そこで、積極的に他社等の知財担当者との関係作りをすることで、こうした不安を解消し、ご自身の知財スキルを上げていただくことをお勧めします。

2. セミナー・勉強会への参加

知財担当者同士が交流できる場として、知財関係のセミナーや勉強会があります。こうしたセミナーや勉強会を通じて、さまざまな企業の知財担当者と良い関係を作ることで、他社の知財の話や社内組織の話ができます。さらに、自分の知財の知識が正しいかどうかも判断できると思います。

　こうしたセミナーや勉強会に参加しても、単にテキストをもらって講義を聴いて帰るだけではもったいないです。セミナーや勉強会で内容について疑問があれば、積極的に講師や隣の人にでも質問をして、名刺交換するぐらいの勢いで人脈を作るようにしてください。

　もっとも、近年はコロナ禍においてオンラインセミナーが増加していますが、こうしたオンラインセミナーでも受講生同士で交流を図るべく、積極的に発言して、「OB会、OG会をしませんか？」などと声をかけるのもいいかもしれません。

　こうした出会いを作ることが、ご自身の知財スキルをアップさせるとともに、企業の知財力を向上させることにもつながります。

３．発明協会等の団体の会員

　特許庁の関係団体として、各地域に発明協会があります。この地域の発明協会の会員になると、月ごとに会報が送られてきたり、会員交流会やセミナーに安く参加できたりするメリットがあります。こうした会員になることもよいと思います。

　また、大手企業の知財部門が中心となって組織化された「一般社団法人日本知的財産権協会（知財協）」という団体もあります。こうした団体の会員になって各種セミナー等に参加するのもいいでしょう。もっとも、知財協の会費はやや高額なので、中小企業の方が参加するにはハードルが高いかもしれません。

４．企業間の連絡会

　その他、同じ業界の関連企業だけが集まった団体の中に「知財部会」等の連絡会もあります。そうした環境に自社があるのであれば、この連絡会にも積極的に参加してもよいと思います。

５．まとめ

　以上、他社等との関係作りができるさまざまな例を挙げてきたのは、私の経験上、独学で知財スキルを上げるのというのは、やはり限界があると感じているからです。

ぜひ、関係作りができそうな機会や場を探して積極的に参加してください。

　また、こうして知財の人脈が広がると、副次的な効果として紛争が生じた際に、あまり問題が大きくならずに解決できるというメリットがあります。日本において大手企業同士の訴訟が少ないのも、先ほどの「知財協」の存在が大きいのではないか？　といったうわさもあります。

　このように、他社等との関係作りは、知財担当者にとっても会社にとっても大きなメリットを与えてくれます。ぜひ、積極的に行うようにしてください。

索引

※図表、チャート、出願・中間書面、公報類に記載されている用語は索引に含んでいません。

こ

さ

し

す

せ

あとがき

　さて、この本は知財担当者となったあなたにとって、お役に立てたでしょうか？

　本書の内容は、私が2011年度から広島県発明協会等で開催させていただいている「ひろしま知財塾」の内容をベースに記載しています。このため、本書を読みながらセミナーを受けているような感じになったのではないでしょうか。この本を読んで、知財担当者の知財業務がなんとなくでもご理解いただけたら、筆者として大変うれしいです。

　「まえがき」にも書いたとおり、知財担当者が行う知財業務は、なかなか分かりにくく、また、各企業によって求められる役割が異なるため、一律に定義して記載することは難しいです。

　しかし、「事業に貢献する知財担当者」が求められている点は、どの企業においても同じだと思います。よって、知財業務を行うに当たり、常にこの「事業に貢献する」という視点を忘れずに、業務を遂行していただければと思います。

　最後になりましたが、この本を出版するに当たり、発明推進協会にご紹介いただいた広島県発明協会の西村成美様、本の校正やアドバイス等を下さった発明推進協会の城水毅様、神林宏美様、原澤幸伸様には、感謝を申し上げます。

特許業務法人前田特許事務所　弁理士　大石　憲一

著者経歴

大石 憲一

学歴

1990年　呉工業高等専門学校機械工学科卒業

2000年　神戸大学法学部法律学科卒業

職歴

1990年　マツダ株式会社入社

　　　　知的財産部に所属。駆動系、車体系、先行技術等の知的財産業務に従事。

1998年　某特許事務所入所

　　　　大手、中堅企業等の特許明細書作成業務に従事。

2008年　ベンチャー企業入社

　　　　知財・法務担当マネージャーとして、知的財産業務・法務業務に従事。

2010年　特許業務法人前田特許事務所に入所

現　在　特許業務法人前田特許事務所に所属する弁理士として、中小企業の知財コ
　　　　ンサルティング業務（パートタイム知財部 ⓡ）を行いつつ、また、広島県
　　　　発明協会で2011年度から「ひろしま知財塾」の講師を務め、その他、企業
　　　　内セミナーも含めて年間約60回程度のセミナー講師を担当している。

知財担当者になったら読むべき本

2017（平成29）年10月2日　初版　発行
2021（令和3）年9月28日　初版　第2刷　発行

著　　者	大 石 憲 一
©　2021	OISHI KENICHI
発　　行	一般社団法人　発明推進協会
発 行 所	一般社団法人　発明推進協会

所在地　〒105-0001
　　　　東京都港区虎ノ門3－1－1
電　話　東京03 (3502) 5433　（編集）
　　　　東京03 (3502) 5491　（販売）
ＦＡＸ　東京03 (5512) 7567　（販売）

乱丁・落丁本はお取替えいたします。　　　　印刷：株式会社丸井工文社
ISBN978-4-8271-1361-7　C3032　　　　Printed in Japan

発明推進協会ＨＰ：http://www.jiii.or.jp